사장님 고민, 세무·노무가 답하다
노세부부가 알려 주는 세무·노무 현실 솔루션

초판 1쇄 발행 2025년 10월 2일

지은이 김재우, 강혜영
펴낸이 장길수
펴낸곳 지식과감성#
출판등록 제2012-000081호

교정 이주연
디자인 정윤솔
편집 정윤솔
검수 김지원, 이현
마케팅 김윤길

주소 서울시 금천구 벚꽃로298 대륭포스트타워6차 1212호
전화 070-4651-3730~4
팩스 070-4325-7006
이메일 ksbookup@naver.com
홈페이지 www.knsbookup.com

ISBN 979-11-392-2840-3(03320)
값 16,700원

• 이 책의 판권은 지은이에게 있습니다.
• 이 책 내용의 전부 또는 일부를 재사용하려면 반드시 지은이의 서면 동의를 받아야 합니다.
• 잘못된 책은 구입하신 곳에서 바꾸어 드립니다.

지식과감성#
홈페이지 바로가기

사장님 고민, 세무·노무가 답하다

김재우 · 강혜영 지음

노세부부가 알려 주는
세무·노무 현실 솔루션!

들어가며

사업을 하다 보면, 매일매일 크고 작은 선택들을 해야 합니다.

그리고 그 선택의 순간마다 세무와 노무는 늘 그림자처럼 따라다닙니다. 세무와 노무 문제는 대부분 함께 발생하고, 서로 영향을 주고받습니다. '세금은 세무사에게, 노무는 노무사에게' 물어보아야 하는 것을 모두가 알지만, 현실에서는 그러기 쉽지 않습니다. 그러다 보니 어느 순간 대표님들은 세무와 노무 두 영역이 맞물려 복잡하게 얽히는 현실을 마주하게 됩니다. 이 책은 바로 그 지점에서 시작되었습니다.

이 책은 중소기업 대표님들의 실제 고민들을 사례로 재구성한 것입니다. 그리고 동일한 사례에 대해 세무사와 노무사의 시각에서 각각 솔루션을 제시하였습니다. 현실에서 대표님들의 고민은 '세무 따로, 노무 따로'가 아니기 때문에 이 책은 세무와 노무를 별개의 문제로 바라보지 않고, 하나의 흐름 속에서 '세무+노무'의 통합 해법을 제시하고자 했습니다.

이 책은 세법과 노동법을 법률적으로 해석한 책이 아닙니다. 현장에서 경험한 내용을 토대로 '사장님 고민'에 대해 세무사와 노무사가 '답

한다'는 책의 목적에 충실하고자 하였습니다. 따라서 너무 어렵거나 소규모 사업장에 맞지 않는 내용은 과감히 다루지 않았습니다. 오로지 중소기업 대표님의 입장에서 함께 고민하고 해결하기 위한 노력만을 담았습니다.

마지막으로, 이 책은 세무사 남편과 노무사 아내가 함께 집필한 것입니다. 대표님들에게 조금 더 도움이 되는 좋은 책을 만들고자 회사에 있을 때나 집에 있을 때나 쉬지 않고 고민했고, 부부이자 동업자로서 서로의 시선을 교차하며 집필했습니다.

대표님의 오늘 그 고민이, 대표님의 내일을 가로막지 않도록
이 책이 작은 길잡이가 되기를 진심으로 바랍니다.

2025년 가을
노세부부 드림

목차

1장
사장 됐는데, 이건 누가 알려 주나요?
- 법인 설립 후 제일 먼저 챙겨야 할 것들

01 직원 없다고요? 대표님이 '첫 직원'입니다
대표자 급여 설정과 사업장 성립신고 12

02 구두계약? 말로만 계약하면, 나중에 말이 많아집니다
근로계약서 필수 항목 21

03 내게는 따뜻한 가족이지만, 법으로는 직원일 뿐
가족 직원 고용 시 유의사항 28

04 직원 수 늘면, 회사도 달라집니다
직원 수에 따른 세무·노무 체크포인트 36

2장
직원이긴 한데… 누구세요?
- 고용형태별 인건비 관리의 모든 것

01 생각보다 복잡한, 일용직의 숨은 리스크
일용직 근로자 48

02 3.3%만 떼면 안전한 줄 알았죠?
프리랜서 계약 유의사항 54

03 주말 알바도 근로자입니다만…
아르바이트 관리 포인트   61

04 외국인이라고 대충 하면 안 됩니다
외국인 근로자 채용 시 유의사항   70

05 창작의 고통은 예술인 몫, 고용의 책임은 대표님 몫!
예술인 고용보험   76

3장

급여 줬는데, 왜 세금은 더 나가죠?

- 급여 항목별 처리법, 비과세와 세금의 줄타기

01 법대로 안 하면 비용도, 세금도 낭패
법정수당의 기준과 세무처리   86

02 식대, 자차보조비… 무조건 비과세되는 줄 알았죠?
비과세 항목과 활용전략   95

03 인건비 현금으로 다 줬다고요?
인건비의 세무처리 요건   102

04 성과급, 잘 주면 절세, 잘못 주면 세무조사
성과급의 임금성과 성과공유세액공제   109

4장
직원 퇴직금은 대표님이 챙기고, 대표님 퇴직금은 노세부부가 챙기고!
- 대표자의 퇴직금, 미리 준비 안 하면 못 받습니다

01 직원 퇴직금 모두 챙겨 주고 나면, 대표님은요?
　대표자 퇴직금 VS 근로자 퇴직금　　　　　　　　　　120

02 DB, DC, IRP… 알 듯 말 듯 한 퇴직연금
　퇴직연금제도의 종류　　　　　　　　　　　　　　　128

03 대표님과 근로자의 퇴직금은 세금부터 다릅니다
　퇴직소득세 계산과 신고　　　　　　　　　　　　　　137

04 정관과 규약 먼저 챙기셔야 합니다
　정관과 규약 작성 예시　　　　　　　　　　　　　　　144

05 정기보험 VS 퇴직연금, 어떤 방식이 맞을까요?
　퇴직금 마련 전략　　　　　　　　　　　　　　　　　152

5장
복지가 곧 절세, 회삿돈을 아끼는 공식
- 기업복지와 절세의 현명한 균형

01 직원을 아끼고, 복지를 사랑하는 당신, 절세하라!
　사내근로복지기금　　　　　　　　　　　　　　　　　164

02 채용이 곧 혜택이다
　고용장려금 제도　　　　　　　　　　　　　　　　　　175

03 들어올 땐 마음대로 들어와도, 나갈 땐 마음대로 못 나간다
    통합고용세액공제   **182**

6장
사업을 하다 보면 비로소 보이는 것들
- 꼭 마주치게 되는 마지막 단계의 세무·노무 실무

01 법인전환! 겁낼 건 없고, 챙길 건 많다
    법인전환의 세무·노무   **192**

02 장부는 국세청, 사람은 노동청
    세무조사 VS 근로감독   **202**

부록

부록1: 세무·노무 연간 주요 체크리스트   **214**

부록2: 자주 묻는 세무노무 질문 BEST 30   **216**

1장

사장 됐는데, 이건 누가 알려 주나요?

- 법인 설립 후 제일 먼저 챙겨야 할 것들

01 직원 없다고요?
대표님이 '첫 직원'입니다
대표자 급여 설정과 사업장 성립신고

"직원도 없는데 뭘 신고하라는 거예요?
저 혼자 운영하는 법인인데요."

디자인 스튜디오를 창업한 박정우 대표님(36세)은 1인 법인을 설립했습니다. 아직 직원은 없고, 매달 300만 원씩 생활비는 필요한 상황입니다. 그러나 박 대표님은 법인돈은 함부로 쓸 수 없다는 지인의 말을 듣고 혼란스러웠습니다. 결국 박 대표님은 세무사와 노무사의 도움을 받기로 했습니다.

"대표님, 대표자 급여로 설정할 수 있습니다. 다만, 초기 세팅을 잘해야 합니다. 그리고 직원이 없어도 대표님 급여가 있다면 4대 보험 성립신고 해야 합니다."

박 대표님은 처음엔 고개를 갸웃했지만, 곧 이해가 되었습니다.

"아, 그동안 헷갈리던 걸 이번에 제대로 알게 됐네요."

상담을 마친 박 대표님은 앞으로의 절차를 차근차근 준비해야겠다고 마음먹었습니다.

> 노무사 솔루션

1. 사업장 성립신고, 개인과 법인의 차이

"직원도 없는데 성립신고를 꼭 해야 하나요?", "개인사업자랑 법인사업자는 뭐가 다른 거죠?"

대표님들이 상담 현장에서 가장 많이 하는 질문입니다. 혼동하기 쉽지만, 기준은 의외로 간단합니다.

직원이 있다면 모든 사업장은 사업장 성립신고를 진행해야 합니다. 반면 박 대표님처럼 직원이 없다면 대표자 보수 지급 여부를 확인해야 합니다.

개인사업자는 대표자 본인이 근로기준법상 근로자가 아니므로 직원이 없으면 성립신고 의무가 없습니다. 반면 법인사업자는 대표자가 보수를 받는 순간, 직원이 없더라도 사업장 성립신고를 해야 합니다. 법인의 대표가 법인으로부터 급여를 받으면 이는 '근로소득'입니다. 따라서 근로소득이 발생되는 대표이사 1인만 있는 법인도 사업장 가입 대상입니다. 만약 무보수 대표인 경우는 어떨까요? 무보수 대표인 법인은 당연적용사업장이 아닙니다. 추후 직원을 고용하게 되면 사업장 성립신고를 진행하면 됩니다.

2. 사업장 성립신고를 미루면 생기는 리스크

"그냥 나중에 직원 생길 때 신고하면 안 되나요?"라는 질문을 받는 경우도 종종 있습니다.

대표자가 급여를 받는 상황에서 성립신고를 미루면, 국민연금·건강보험 공단은 나중에 이를 확인하고 소급 부과를 진행합니다. 최대 3년치 보험료를 한꺼번에 내야 하고, 여기에 연체금과 가산금이 붙을 수 있습니다. 예상치 못한 큰 금액을 갑자기 납부해야 하니, 자금 부담이 상당합니다.

세무상 불이익도 생길 수 있습니다. 대표자의 급여는 비용으로 처리할 수 있는데, 성립신고가 안 된 상태에서 비용으로 처리하면, 세무조사 시 '인정되지 않는 급여'로 판정될 수 있습니다. 그렇게 되면 비용 불인정으로 인해 법인세가 늘어나고, 불필요한 가산세까지 더해질 수 있습니다.

3. 생각보다 어렵지 않은 사업장 성립신고

막상 '사업장 성립신고를 하여야 합니다'라고 하면, 대표님들이 겁부터 내는 경우가 많습니다.

하지만 실제 절차는 생각보다 간단합니다. 4대보험 정보연계센터 사이트를 이용하여 온라인 신고를 하게 되면, 한 번에 국민연금, 건강보험, 고용보험, 산재보험까지 모두 처리할 수 있습니다. 물론 우편이나 팩스, 또는 가까운 지사에 방문해도 됩니다.

사업자등록증 사본 또는 법인등기부등본 사본을 증빙서류로 제출해야 할 수 있으니 미리 준비하면 좋습니다.

가장 중요한 점은 가입자 취득신고도 함께 진행해야 한다는 것입니다. 박 대표님처럼 법인에서 보수를 받는 대표자일 경우 초기 급여를 얼마로 할지 미리 정해야 합니다. 즉, 법인의 경우는 대표자의 초기 급여를 설정함과 동시에 사업장 성립신고를 진행하면 됩니다.

신고는 30분이면 끝나지만, 안 하면 수개월 뒤 소급부담이 생깁니다. 특히 요즘 공단들은 미성립 사업장에 대해 데이터 비교를 통한 조기 안내에 적극적이라, '모른 척'은 통하지 않습니다. 처음부터 '제대로 신고했다'는 기록이 남아야, 나중에 퇴직연금이나 정부 지원 제도 연계도 가능합니다. 지금 한 번 수고가, 앞으로 받을 많은 혜택의 문을 열어 준다고 생각하면 됩니다.

세무사 솔루션

1. "대표자 급여, 꼭 설정해야 하나요?"

"내 돈에서 꺼내 쓰는 건데, 뭐 하러 신고까지 해야 해요?"

사업 초기에 가장 많이 듣는 질문입니다. 하지만 법인과 대표자는 법적으로 별개 인격입니다. 법인의 수익은 법인의 것이고, 대표자가 그 수익 중 일부를 사용하려면 반드시 '급여' 등의 명목으로 정당한 절차를 거쳐야 합니다. 대표자 급여는 세법상으로 '비용'으로 인정받을 수 있는 항목입니다. 즉, 법인 수익에서 대표자 급여를 공제하고 남은 금액에만 법인세가 부과되는 것이죠.

하지만 아무런 기준 없이 '알아서' 가져가면 이는 급여가 아니라 상여 또는 배당으로 간주될 수 있고, 자칫 가지급금으로 비춰질 수도 있습니다. 이 경우 소득세는 물론 가산세, 인정상여, 인정이자 처리 등 세무상 불이익이 큽니다.

또한 국세청은 '대표자 급여가 적정했는가'를 보는 감시의 눈을 갖고 있습니다. 정관이나 이사회 회의록, 급여지급 내역 등 근거 서류가 명확해야 나중에 세무조사 때 방어가 가능합니다.

결론은 명확합니다.
- 급여를 설정하지 않으면 대표자의 수입이 '사적 유용'으로 간주될 수 있습니다.
- 급여를 설정하더라도 적정성과 정당성이 뒷받침되지 않으면 법인세 감면 효과를 누릴 수 없습니다.

2. 대표자 급여, 아무렇게나 정하면 안 됩니다

사업을 시작하면 가장 먼저 묻게 되는 질문 중 하나가 바로 이겁니다. "대표자 급여, 도대체 얼마로 해야 할까요?"

사실 법적으로는 대표자 급여를 얼마로 정해도 문제는 없습니다. 그런데 세무적으로는 이야기가 좀 달라집니다. 국세청은 대표자 급여를 볼 때 그냥 넘어가지 않습니다. 비슷한 업종, 비슷한 규모, 비슷한 역할을 하는 다른 회사들과 비교해서 '적정한 수준'인지를 꼭 확인합니다.

이 기준을 벗어나면 어떻게 될까요?
- 너무 높으면 → 일부 금액을 급여가 아닌 배당으로 보아 비용 불인정, 소득세 추가 부담
- 너무 낮으면 → 대표가 실제로 회사를 운영하면서 급여는 최저임금 수준, 반대로 가족이 고액 연봉 → 탈세·명의 법인 의심

예시로 보면 이렇습니다.
직원이 아무도 없는 1인 법인인데, 대표가 본인 급여를 월 1,000만 원으로 잡았다면? 국세청은 "직원도 없고 매출도 적은데 왜 이렇게 많이 받지?" 하고 의심할 수밖에 없습니다.

그리고 급여가 낮다고 생활비가 안 드는 건 아니겠죠? 간혹 대표 급여는 낮게 책정해 놓고, 생활비는 법인카드, 차량, 보험료, 현금 인출 등으로 해결하는 경우가 있습니다.
이런 방식은 추후 세무조사의 단골 메뉴입니다.
실제로 대표자 혼자 일하는 경우라면, 일반적으로 월 250만 원에서 400만 원 정도로 설정하는 경우가 많습니다. 물론 회사의 수익성과 상황에 따라 달라질 수 있지만, 업계 평균과 너무 동떨어진 급여는 주의가 필요합니다.

3. 급여 설정이 곧 퇴직금 설계입니다

대표자 급여 설정은 단순히 매월 얼마를 받느냐의 문제가 아닙니다. 이 급여가 대표자의 평소 4대보험료와 소득세를 결정하고, 추후 퇴직금 설계의 기반이 되기 때문입니다.

우선 적정한 급여의 설정은 적절한 4대보험료 및 소득세를 납부하면서 대표자의 생활을 유지할 수 있는 기준이 됩니다. 매달 지급받는 급여에서 공제되는 부분도 무시할 수 없는 부분이죠.

또한 법인대표자도 퇴직금을 받을 수 있지만, 그 금액은 단순히 '퇴직 시점의 일시적 지급'이 아닙니다. 퇴직금은 매년 적립하는 개념이며, 법적으로 인정받기 위해서는 지속적 급여 지급 기록이 필요합니다. 급여가 없다면 퇴직금도 없는 것으로 보며, 세무적으로도 가장 낮은 세율을 적용받는 퇴직소득세 혜택도 받을 수 없습니다.

추가로 대표자의 퇴직금은 경영인정기보험, 퇴직연금, 사내유보금 처리 전략 등과 연결됩니다. 이제는 많은 대표님들이 이를 활용해 퇴직 시 합법적인 절세와 노후자금 확보를 준비하고 있습니다. 그 출발점이 바로 '급여 설정'입니다.

가령 예를 들자면, 정관상 퇴직 전 3년 평균연봉의 10%에 근속연수를 곱한 값의 3배수를 퇴직금 수령이 가능한 조건에서, ① 10년간 월 300만 원 급여를 10년 동안 받는 경우와 ② 7년간 월 200만 원 급여를 받다가 퇴직 전 3년간 월 530만 원을 받는 경우 10년간 수령하는 총급여는 같을 수 있습니다.

구분	① 월 300만 원 × 10년	② 월 200만 원 × 7년, 월 530만 원 × 3년
4대보험 총액 (법인 + 대표자)	6,736만 원	6,713만 원 (↓23만 원)
소득세 총액	1,500만 원	2,520만 원 (↑1,020만 원)
퇴직금	1억 800만 원	1억 9,080만 원 (↑8,280만 원)

하지만 정관 규정상 퇴직 전 3년 평균연봉을 기준으로 퇴직금을 계산하는 경우, 마지막 3년만 급여를 집중적으로 인상해도 전체 퇴직금이 크게 늘어납니다. 예시처럼, 월 530만 원을 3년간만 지급했음에도 퇴직금은 약 1억 9,080만 원으로, 약 8,000만 원 증가하게 됩니다.

월 200만 원 구간에서는 소득세가 거의 발생하지 않고, 4대보험도 상한 적용 이전이라 부담이 적습니다. 법인의 자금 사정이 어렵거나, 사업 투자에 더 많은 비용을 쓰고 싶은 시기에 급여를 낮춰 자금 부담을 줄이는 유연한 전략이 됩니다.

퇴직금은 근속연수에 따른 퇴직소득공제가 적용되어 세부담이 일반 근로소득보다 훨씬 낮습니다. 즉, 소득세는 퇴직금에 붙어도 장기 근속에 따라 공제를 받아 실제 세율은 낮게 유지되므로 높은 퇴직금을 받더라도 절세효과가 유지될 수 있습니다.

이처럼 초기 급여설정부터 관리를 하면서 대표자 급여의 구조화를 설계하는 것은 대표자의 소득을 이연시켜서 법인의 수익과 급여비용 간의 타이밍을 맞출 수 있는 합법적인 법인세 절세 수단이 되기도 합니다.

노세부부의 쏠쏠한 정리

- 직원이 없어도 사업장 성립신고는 꼭 해두세요.
- 대표님 급여도 미리 정해두면, 법인 비용 처리와 절세는 물론, 나중에 퇴직금이나 연금 설계까지 한결 수월해집니다.
- 처음 한 번의 준비가 대표님의 미래를 든든하게 지켜줍니다.

02 구두계약? 말로만 계약하면, 나중에 말이 많아집니다

근로계약서 필수 항목

> "일단 와서 일해보고,
> 나중에 계약서 쓰면 안 되나요?"

간편식 제조업을 운영하는 최인화 대표님(43세)은 최근 첫 직원을 채용했습니다. 직원을 채용하면 세금혜택을 볼 수 있다고 해서, 지인 소개로 별도의 서류 없이 구두로 업무를 시작했고, 급여도 매달 말에 이체하고 있었습니다.

그런데 직원이 갑자기 "주 5일 근무 약속 아니었냐"라며 초과근무 수당을 요구했습니다. 최 대표님은 당황했습니다. "구두로 얘기 다 했고, 나중에 계약서 쓰기로 했는데…. 계약서 없으면 제 말이 다 틀린 건가요?"

노무사 솔루션

1. 구두로도 계약은 성립하지만, 서면으로 남기고 교부해야 합니다

근로계약은 구두로도 유효합니다. 하지만 「근로기준법」 제17조제2

항은 사용자가 '근로조건을 서면으로 명시해 교부해야 한다'라고 명확히 규정하고 있습니다. '작성'이 아니라 '교부'가 핵심입니다. 이를 위반하면 500만 원 이하의 벌금에 처해집니다.

즉, 계약은 말로 해도 성립되지만, 서면으로 교부하지 않으면 과태료가 아닌 벌금형이고, 앞으로 발생하게 될 법적 분쟁에서 방어가 어려워집니다.

위 사례에서는 주 5일 근무인지, 주 6일 근무인지 명확하게 알 수 없습니다. 구두로만 계약했기 때문입니다. 주 5일 근무(월요일~금요일)로 약속했는데, 만약 직원이 토요일에 출근해서 일을 했다면, 연장수당을 지급해야 합니다. 최 대표님이 구두로 연장근무수당까지 포함하기로 했다고 약속했어도 계약서가 없으니 최 대표님에게 매우 불리한 상황이 되어 버린 것입니다.

근로계약서는 전자문서로도 체결할 수 있으니, 미루지 마시고 반드시 근무를 시작하기 전에 작성하여야 합니다.

2. 근로계약서 필수 기재사항

근로계약서에 필수적으로 들어가야 할 항목은 법령에 정해져 있습니다. 아래는 「근로기준법」 제17조와 동법 시행령 제8조를 바탕으로 근로자와 근로계약서를 쓸 때 '반드시 서면으로 명시해야 하는 항목'을 나열한 것입니다.

1. 임금의 구성항목, 계산 방법, 지급 방법, 지급 시기
2. 소정근로시간, 휴게시간
3. 휴일, 연차유급휴가 관련 사항
4. 근무 장소와 종사할 업무

참고로 기간제 근로자는 근로계약 기간을, 단시간 근로자는 근로일 및 근로일별 근로시간 등의 내용도 함께 명시해야 합니다.

또한 근로계약서에는 필수 기재사항 외 비밀유지조항, 겸업금지조항, 연장근로 동의조항 등 대표님의 경영상 리스크를 사전에 조율할 수 있는 항목도 추가할 수 있습니다.

3. 제대로 작성한 근로계약서 한 장이 경영리스크를 막습니다

위 사례에서 최 대표님은 아마 이렇게 생각하셨을 겁니다.

'근로계약서 하나 안 썼다고 큰일이나 나겠어…?'

그러나 근로계약서를 쓰지 않으면 큰일이 일어날 가능성이 매우 높아집니다. 요즘 고용노동부의 근로감독은 민원 없이도 진행됩니다. 근로감독관이 사업장에 방문하면 제일 먼저 확인하는 문서 중 하나가 바로 근로계약서입니다. 그뿐만이 아닙니다. 임금체불, 부당해고 등의 사건이 발생했을 때, 판단의 기준이 되는 문서 1순위도 바로 '근로계약서'입니다.

그럼 근로계약서는 언제 써야 할까요? 직원이 회사에 처음 출근하러 오는 날, 그날 작성하면 됩니다. 정규직 근로자는 물론 단기 아르바

이트, 계약직, 일용직 근로자 모두 다 작성하여야 합니다.

 최 대표님처럼 근로계약서가 없으면 근로시간과 임금을 추정할 수밖에 없습니다. 그 과정에서 대표님이 명확하게 입증해 내지 못한다면 이는 대표님에게 매우 불리하게 작용하게 됩니다. 근로계약서는 선택할 수 있는 행정문서가 아닙니다. 대표님의 경영리스크를 줄여주는 법적 안전장치입니다.

세무사 솔루션

1. 인건비는 구두 약속이 아니라 '서류'로 증명해야 비용처리가 됩니다

"직원 한 명 구했는데요, 계약서 없이 말로만 약속하고 월급은 계좌로 이체해 줬어요. 세금계산서가 없어도 급여니까 비용으로 인정되겠죠?"

 이렇게 말씀하시는 대표님들이 적지 않습니다. 하지만 인건비는 단순히 돈을 지급했다고 해서 바로 세법상 필요경비로 인정되는 것이 아닙니다. 특히 세무조사 시에는 단순한 이체 내역만으로는 급여인지, 외주비인지, 가족에게 준 용돈인지 구별할 수 없기 때문에, 실제 고용관계와 급여 지급의 적정성을 입증할 수 있는 서류가 반드시 필요합니다.

 먼저, 고용관계를 증명하기 위해서는 '근로계약서'가 가장 중요합니다. 직원이 정기적으로 출근했다면 출근부나 지문체크기록, 또는 업무지시 이메일이나 메시지라도 있으면 좋습니다. 이런 자료들이 있어야 직원과의 관계를 외주나 거래처, 가족이 아닌 '근로자'로 입증할 수 있습니다.

급여지급 내역도 단순 이체보다는 '급여대장'과 함께 이체일자와 금액이 명확하게 드러나는 계좌이체 내역이 함께 있어야 하고, 무엇보다 '원천세 신고'를 한 사실이 있어야 실지급이 입증됩니다. 현금으로 지급했다면, 더욱더 입증이 어려워지고 '실제 지급이 맞는지' 의심을 받을 수 있습니다.

또 하나 중요한 포인트는 4대보험 가입 여부입니다. 직원이라면 고용보험과 국민연금 가입이 되어 있어야 하고, 이 가입 여부 자체가 세무당국에서는 '정규직 고용'을 판단하는 매우 강력한 기준이 됩니다. 실제 세무조사에서 고용보험이 빠져 있으면 "이 사람, 직원 아니고 외주 아닌가요?"라는 질문이 따라오게 됩니다.

특히 가족 고용은 더욱 까다롭게 봅니다. 단순히 '아내가 도와줬어요', '아들이 토요일마다 나왔어요'라는 설명만으로는 인정되지 않습니다. 가족은 실제 근무를 했다는 증빙이 없으면 고용 자체를 부정당하고, 급여 전액이 비용에서 빠지고 세금으로 추징될 수 있습니다.

결론적으로, 인건비가 세법상 비용으로 인정받으려면 반드시 세 가지 조건이 충족되어야 합니다.

첫째, 고용관계를 증명할 서류가 있어야 하고,
둘째, 급여의 지급내역이 명확히 기록되어야 하며,
셋째, 4대보험 가입을 통해 직원임이 객관적으로 확인되어야 합니다.

2. 세액공제는 신청하면 되는 게 아니라, 준비가 되어 있어야 받을 수 있습니다

"청년을 채용했는데, 바빠서 계약서도 못 쓰고 4대보험도 아직 가입 못 했어요. 그래도 경정청구 하면 나중에 공제받을 수 있지 않나요?"

이런 질문을 종종 듣습니다. 하지만 세액공제는 단순히 '청년을 뽑았다'는 사실만으로 되는 것이 아닙니다. 해당 공제를 받기 위한 요건을 처음부터 갖추고 있어야 하고, 이를 서류로 입증할 수 있어야 합니다. 대표적인 고용 관련 공제인 '통합고용세액공제'(5장에서 자세히 설명)는 고용의 실재성과 정규직 여부, 4대보험 가입, 급여의 공식적 지급 여부 등을 기준으로 판단합니다.

예를 들어, 통합고용세액공제를 적용받기 위해서는 정규직으로 채용하고, 근로계약서 작성과 함께 4대보험에 가입된 상태에서 원천세 신고를 통해 전년도보다 직원이 늘어났다는 점을 증명해야 합니다. 따라서 서류가 없으면 해당 인원은 공제 대상에서 제외될 수 있습니다.

"나중에 자료 준비해서 경정청구 하면 되지 않느냐"라고 생각할 수 있지만, 현실은 그렇지 않습니다. 경정청구는 '당시에 존재했던 사실'을 뒤늦게 증명하는 절차이지, 나중에 설명만 가지고 인정받는 절차가 아닙니다. 만약 근로계약서가 없고, 4대보험 가입도 안 되어 있고, 급여가 원천세 신고도 없이 그냥 계좌이체만 되어 있다면, 세무당국은 "정규직이 아니라 외주로 쓴 게 아니냐"라고 판단할 수밖에 없습니다. 심지어 채용은 사실인데도, 서류가 없다는 이유만으로 공제가 불가능한 사례가 정말 많습니다.

결론적으로, 세액공제를 받을 계획이 있다면 '직원을 채용하는 그 순간부터' 증빙서류를 갖춰두는 것이 가장 중요합니다. 일이 지나간 뒤에 아무리 설명을 해도, 세법은 "말이 아니라 서류로 판단"합니다.

노세부부의 쏠쏠한 정리

- 직원 채용은 말로만 시작하면 나중에 마음고생이 생길 수 있습니다.
- 근로계약서 한 장과 급여대장, 4대보험 가입만 갖춰도 노사갈등을 막고, 인건비와 세액공제까지 안전하게 챙길 수 있습니다.
- 작지만 든든한 계약서 한 장이 대표님의 회사를 지켜줍니다.

03 내게는 따뜻한 가족이지만, 법으로는 직원일 뿐

가족 직원 고용 시 유의사항

"아들을 정식으로 채용하려고 하는데, 괜찮을까요?"

인쇄업을 운영하는 유경진 대표(50세)는 최근 사무업무를 맡길 직원을 찾다가, 대학을 갓 졸업한 아들이 경리 프로그램을 다룰 줄 안다는 것을 알고 직접 채용하기로 마음먹었습니다.

"어차피 가족이고, 외부 사람보다 믿을 수 있으니까… 회사 일도 빨리 익히겠지."

유 대표는 근로계약서를 작성하고, 급여는 월 250만 원으로 책정하며, 4대보험도 모두 가입할 계획이었습니다. 그런데 막상 인터넷으로 검색해 보니 걱정이 한두 가지가 아닙니다.

"같이 사는 아들은 고용보험이 안 된다고요?"

"가족 급여는 세무조사 대상이 될 수도 있다면서요?"

결국 유 대표는 노무사와 세무사를 함께 찾아 상담을 요청합니다. 가족을 고용하면 단순할 줄 알았는데, 실제로는 더 복잡한 문제가 숨어 있었던 겁니다.

"도대체 어디까지가 합법이고, 뭘 준비해야 안전한 걸까?"

노무사 솔루션

1. 가족인데 계약서까지 써야 하나요?

가족이라도 실제로 회사의 지휘·감독을 받아 일을 하고 있다면, 법적으로는 '근로자'로 인정될 수 있습니다. 근로계약서 작성 여부는 가족관계와 무관한 법적 의무사항입니다. 출퇴근 시간, 업무 지시, 대가 지급(급여)이 이루어지고 있다면, 이는 명백한 고용관계이기 때문에 근로계약서는 당연히 작성해야 합니다.

앞서 말씀드렸다시피 근로계약서를 작성해서 교부하지 않으면 노동관계법상 벌금이 부과됩니다. 또한 1년 이상, 주 15시간 이상 일했다면 당연히 퇴직금 지급 대상입니다. 실제로 많은 사업장에서 '가족은 퇴직금 지급 대상이 아니다'라고 오해하는 경우가 있으나, 가족이라고 해서 예외가 아닙니다. 오히려 가족이기 때문에 분쟁이 생기면 감정이 더 격화되기도 합니다.

정리하자면, 가족이라도 근로자가 맞다면 근로계약서를 반드시 작성하고, 퇴직금을 포함한 임금 내역도 투명하게 기록해야 합니다. 가족을 위한 보호장치이자, 대표님을 위한 법적 방어 수단이기도 합니다.

2. 동거가족은 4대보험 안 되는 건가요?

사업장에서 가족과 함께 일하는 경우가 많습니다. 그런데 '같이 사는 가족은 4대보험에 가입이 안 된다'는 말을 듣고 헷갈려 하는 대표님들이 많습니다. 사실 모든 보험이 똑같이 적용되는 것은 아닙니다.

우선, 고용보험과 산재보험은 「고용보험법 시행령」에 따라 동거하는 가족이 가입 대상에서 제외됩니다. 여기서 '동거'란 실제로 생활을 함께하는 공동체 관계를 의미하며, 주민등록상 주소만이 기준은 아닙니다. 하지만 가족이더라도 생활을 분리하고, 출퇴근 및 지휘감독 관계가 명확하다면, 그리고 입증자료가 준비되어 있다면 근로자로 인정될 수 있습니다.

반면, 국민연금과 건강보험은 원칙적으로 소득이 발생하면 무조건 가입 대상입니다. 가족이라도 급여를 받으면 사업장가입자로 가입해야 합니다.

즉, 보험별로 적용기준이 다르므로, 동거가족이라도 일률적으로 가입 제외라고 판단하면 위험합니다. 특히 산재 사고가 발생하거나, 퇴직 후 실업급여 등 문제가 생기면, 미가입 상태였던 가족 근로자는 어떤 혜택도 받을 수 없고, 대표님 역시 보험 미가입으로 과태료 처분이나 손해배상 책임을 질 수 있습니다.

따라서 가족이 근무하고 있다면, 단순히 동거 여부만으로 판단하지 말고, 근로자성 여부와 각 보험의 적용기준을 따로 검토해야 합니다. 가족이 함께 일하는 회사라면 초기 설정부터 반드시 전문가와 함께 점검하는 것이 안전합니다.

3. 가족끼리만 일하는데, 법 적용까지 받아야 하나요?

　외부 직원을 두지 않고, 가족끼리 운영하는 소규모 사업장의 경우에는 법 적용이 다를 수 있습니다. 「근로기준법」 제11조는 '동거하는 친족만 사용하는 사업장'을 적용 제외 대상으로 명시하고 있습니다. 즉, 출퇴근, 지시, 급여 지급 등의 관계가 있더라도, 함께 사는 가족들만 일하고 있다면 「근로기준법」이 적용되지 않습니다. 따라서 이러한 사업장은 연차휴가, 퇴직금, 휴게시간, 연장·야간수당 같은 규정이 원칙적으로 적용되지 않습니다.

　하지만 여기서 주의해야 할 것이 있습니다. 「근로기준법」이 적용되지 않는다고 해서, 모든 법에서 자유로운 것은 아닙니다. 실제로 급여를 지급하고 있다면 세무상 인건비 비용처리 요건, 국민연금·건강보험 등 직장가입자 여부, 산재 발생 시 법적 책임, 고용보험 임의가입 여부 등 다른 영역의 법과 제도는 그대로 적용될 수 있습니다.

　또한, 외부 직원을 단 한 명이라도 채용하는 순간, 더 이상 예외가 아닙니다. 이때는 가족 근로자도 포함하여 전체가 「근로기준법」의 적용 대상이 되므로, 처음부터 가족에 대해서도 근로계약서, 출퇴근기록, 급여내역 등을 정리해 두는 것이 좋습니다.

세무사 솔루션

1. 실제로 일했는지가 핵심입니다

가족에게 월급을 주는 것이 세법상으로 문제가 되지는 않습니다. 다만, "가족에게 급여를 주더라도, 실제 근로 제공이 있었는지를 기준으로 비용 인정 여부를 판단하겠다"라는 것이 세법의 입장입니다.

예를 들어, 유 대표님이 아들에게 월 250만 원씩 급여를 지급하고, 4대보험까지 가입해 놓았다고 가정해 봅시다. 그런데 출근기록이 없고, 무슨 일을 했는지 업무일지도 없다면 어떻게 될까요? 세무조사에서 "아드님이 실제로 회사에 어떤 기여를 했습니까?"라는 질문이 들어올 수 있습니다. 이때 답변과 증빙이 부족하다면, 지급한 급여는 전액 부인되고 대표자의 소득으로 다시 과세될 수 있습니다.

그래서 이런 자료가 꼭 필요합니다.

구분	내용
근로계약서	반드시 서면 계약 체결
출퇴근기록	출근부, 지문출입기록, CCTV 등
급여이체내역	통장으로 이체된 기록
업무분장표	담당 업무 명확히 구분 기재
이메일·업무일지	업무 실적이나 커뮤니케이션 내역

2. 세무조사에서 단골로 지적되는 '가족급여', 왜 그럴까요?

가족에게 급여를 준다는 건, 사실 외부인이 보기에는 정상 거래인지 의심할 수 있는 부분입니다. 그래서 세법에서는 '특수관계인'에게 급여를 줄 때는 일반 직원보다 더 깐깐하게 따져봅니다.

특히 법인 사업자가 가족에게 과도한 급여를 지급하거나, 실질이 없는 급여를 줄 경우 '부당행위계산 부인'이 적용되어 대표자에게 상여 처분을 내릴 수 있습니다. 쉽게 말해, 법인이 비용처리 한 급여가 부인 되고, 대표자에게는 소득세가 추가로 부과된다는 말입니다.

예를 들어 이런 상황은 위험합니다.
① 아들이 다른 회사에 풀타임 근무 중인데, 우리 회사에서도 급여를 받는다?
　→ 실제 근로가 불분명하므로 부당행위로 보입니다.
② 가족이 받은 급여가 일반 직원보다 2배 이상이다?
　→ 직무 내용 대비 과다하다고 판단될 수 있습니다.
③ 급여는 받았는데 일한 기록이 없다?
　→ 실질이 없는 지급으로 간주될 수 있습니다.

특수관계자의 근로는 실질이 중요하고, 그에 따른 원칙적인 급여신고가 수반되어야 합니다. 하지만 그 전에 급여수준은 동종업종 평균 임금 기준으로 책정하고, 근로계약서, 업무분장표, 급여명세서는 구비

되어야 합니다. 추가로 업무일지, 이메일, 회의참석 자료 등 일한 증거와 더불어 성과급, 복리후생비도 형평성 있게 적용하는 것이 바람직합니다.

> **실제 세무조사 사례**
>
> 한방병원을 운영하던 A 대표는 아버지를 '총무팀장'으로 등재해 월 500만 원씩 급여를 2년간 지급했습니다. 출퇴근 기록, 업무기록 모두 없었고, 급여일과 실제 출근일도 불일치했습니다. 세무조사 결과, 1억 2천만 원 전액 손금불산입 → 대표자 상여처분으로 소득세 폭탄을 맞았습니다.

3. 가족에게 퇴직금을 줄 수 있지만, '실제 퇴직'이어야 합니다

가족이라고 해서 퇴직금을 줄 수 없는 것은 아닙니다. 하지만 이 역시 핵심은 '실제 근로'입니다. 실질 없이 퇴직금을 지급하면, 국세청은 '퇴직금'이 아니라 '증여'나 '부당행위'로 볼 수 있습니다.

퇴직금은 일반 직원과 똑같이 계산합니다.
퇴직금 = [(1일 평균임금) × 30일 × (근속연수)]

퇴직금 산정은 「근로자퇴직급여 보장법」 제8조제1항에 따라 근속연수 1년에 대해 30일분 이상을 평균임금을 지급하는 방식으로 계산합니다. 가족이라고 해서 더 주면 안 됩니다. 퇴직 사실이 없는데 퇴직금을 지급하거나, 과도한 금액을 지급하면 비용 부인 + 소득세 추징

+ 경우에 따라 증여세 문제까지 발생합니다. 특히 임원(대표자 가족이 등기임원일 경우)은 '정관 규정' 또는 '퇴직급여 지급 규정'이 있어야만 세법상 비용으로 인정됩니다.

> **노세부부의 쏠쏠한 정리**
>
> - 가족이 함께 일하는 건 든든하지만, 기록은 꼭 남겨두세요.
> - 계약서와 출퇴근 기록, 급여 이체 내역만 잘 챙겨도 세무·노무 모두 한결 편해집니다.
> - 처음부터 투명하게 정리해 두면 가족도 보호되고, 대표님 마음도 훨씬 가벼워집니다.

04 직원 수 늘면, 회사도 달라집니다

직원 수에 따른 세무·노무 체크포인트

"직원은 늘었는데,
왜 할 일이 이렇게 많아진 거죠?"

창고자동화 시스템 업체를 운영하는 김재훈 대표님(45세)은 최근 사업이 성장하면서 직원이 8명에서 28명으로 늘었습니다. 인력 충원 덕에 생산성과 매출은 올랐지만, 어느 순간부터 회사 운영이 예전 같지 않았습니다.

"취업규칙도 만들어야 하고, 노사협의회랑 고충처리위원회도 곧 준비해야 한다네요?"

"세무서에선 주민세를 매달 신고하래요. 가산세 붙는다고요."

하나둘 생기는 요구 사항과 규정들에 김 대표는 당황했습니다.

"직원이 늘면, 일은 더 편해지는 줄만 알았어요."

하지만 김 대표님은 이제 깨달았습니다. 사람이 많아질수록, 회사가 지켜야 할 법과 책임도 함께 커진다는 사실을요.

지금 우리 회사, 어디까지 준비되어 있을까요?

노무사 솔루션

노동관계법령은 상시근로자 수에 따라 사업장의 의무를 다르게 적용합니다. 지금 우리 회사는 어디에 해당하는지, 이제는 우리 회사에 어떤 법적 책임이 생기는지, 한번 차근히 짚어보겠습니다.

상시근로자 수	주요 적용 의무
1인 이상	• 근로계약서 작성 및 교부 • 임금명세서 교부 • 최저임금 준수, 주휴수당 지급 • 퇴직금(1년 이상, 주 15시간 이상) 지급 • 4대보험 가입
5인 이상	• 「근로기준법」 전면 적용 • 연차휴가 및 연차수당 지급 • 해고 제한(정당한 이유, 서면통보) • 연장·야간·휴일근로 가산수당 • 중대재해처벌법 적용(24.1.27.~)
10인 이상	• 취업규칙 작성 및 신고
20인 이상	• 휴게시설 미설치 시 과태료 부과 　* 상시 10인 이상~20인 미만은 청소원, 경비원 등 7개 취약 　 직종 근로자를 2명 이상 고용 시 과태료 부과
30인 이상	• 노사협의회 설치 및 운영 • 고충처리위원회 구성 • 채용절차법 준수 강화 • 자살예방교육 의무(24.7.12.~)
50인 이상	• 장애인 의무고용제도 적용 • 장애인 인식개선 교육 직접 실시 • 안전관리자·보건관리자 선임 의무

*100인 이상 구간별 적용 규정은 생략함.

1. 1인 이상

　직원이 단 1명만 있어도, 대표님은 법적으로 '사용자'가 되고, 이제 「근로기준법」의 규정들이 일부 적용됩니다. 직원을 채용하면 근로계약서를 반드시 작성해서 교부하여야 하고, 매달 임금명세서도 교부해야 합니다.

　모든 사업장은 최저임금을 준수해야 하고, 주 15시간 이상의 개근한 직원에게 주휴수당도 지급해야 합니다. 또한 직원이 1년 이상 근무하고 퇴사할 때에는 퇴직금도 지급해야 합니다. 직원이 우리 회사에서 일하고 있기 때문에 4대보험(국민연금·건강보험·고용보험·산재보험) 가입도 해야 합니다.

　"우리 회사는 작으니까 괜찮다"라는 생각으로 계약서 없이 근무하거나, 퇴직금을 주지 않았다가 신고당하는 사례가 실제로 많습니다. 작은 회사일수록 기본기를 정확히 지키는 것이 분쟁을 예방하는 첫걸음입니다.

2. 5인 이상

　직원이 5명을 넘는 순간 대표님이 겪게 될 가장 큰 변화는 「근로기준법」이 전면적으로 적용된다는 점입니다. 이전까지는 비교적 자유롭게 조율하던 연차, 해고 등이 이제는 정해진 틀 안에서 운영되어야 합니다.

예를 들어, 1년 이상 근무한 직원에게는 15일의 연차휴가를 부여해야 하고, 미사용 시에는 연차수당을 지급해야 합니다.

야근을 하거나 휴일에 근무를 시키면 1.5배의 가산수당을 지급해야 합니다. 무엇보다 중요한 건, 해고 시 반드시 정당한 사유가 있어야 하고, 서면통보가 필요하다는 것입니다. 중대재해처벌법 또한 2024년 1월 27일부터는 5인 이상 사업장에도 적용됩니다.

5인 이상이 되면 '말로 때우는 인사관리'는 위험해집니다. 이 시점부터는 노무관리의 최소한의 틀을 갖추는 것이 중요합니다.

3. 10인 이상

직원이 10명을 넘기면 이제 '가내수공업' 수준은 벗어났다고 봐야 합니다. 이때부터는 대표님이 회사의 규칙을 문서로 정리하고, 관할 노동청에 신고해야 합니다.

먼저, 반드시 취업규칙을 작성하고 고용노동지청에 신고해야 합니다. 취업규칙에는 근무시간, 임금, 징계, 해고, 휴가 등 회사 운영에 필요한 핵심 규정들이 포함되어야 하고, 이를 어길 경우 500만 원 이하의 과태료를 받을 수 있습니다.

또한 상시근로자 10인 이상 20인 미만의 사업장에서 취약 직종* 근로자를 2명 이상 고용한 사업장은 휴게시설을 설치해야 합니다. 설지하지 않았을 때, 1,500만 원 이하의 과태료가 부과됩니다. 휴게시설 설치의무화제도는 모든 사업장에 적용되나 상시 10인 이상 사업장부터는 요건에 따라 과태료가 부과될 수 있으니 주의해야 합니다.

* 취약 직종 7개: ① 전화상담원, ② 돌봄서비스 종사원, ③ 텔레마케터, ④ 배달원, ⑤ 청소원 및 환경미화원, ⑥ 아파트 경비원, ⑦ 건물 경비원

4. 20인 이상

상시 20인 이상 사업장은 취약 직종 근로자 고용여부와는 관계없이 휴게시설 설치의무를 이행해야 합니다. 이행하지 않는 경우에는 1,500만 원 이하의 과태료가 부과될 수 있습니다.

5. 30인 이상

30인을 넘어서면, 회사는 '작은 조직'이 아니라 '제도와 절차를 갖춘 기업'으로 보이기 시작합니다. 이제는 단순한 인사관리로는 대응이 어려워집니다. 직원이 30명을 넘어서면, 이제는 공식적인 제도 운영의 책임이 본격적으로 요구됩니다.

가장 먼저 해야 할 일은 노사협의회 설치입니다. 근로자 대표와 함께 정기적으로 회의를 열고, 복지·인사제도 등 회사 운영에 대해 협의하는 법적 기구입니다.

또한, 갈등 예방을 위해 고충처리위원회도 실질적으로 운영해야 합니다. 담당자 지정하고, 접수부터 조치까지의 절차를 만들어 두는 것이 분쟁을 줄이는 핵심입니다.

채용절차도 더 투명하게 운영해야 합니다. 지원자에게 불필요한 개

인정보를 요구하면 안 되고, 채용 결과도 공정하게 통보해야 합니다.

또한 자살예방법이 개정됨에 따라 2024년 7월 12일부터 상시 근로자 수 30인 이상 사업장에 대하여 자살예방교육이 의무화되었습니다.

직원 수가 많아지면 불만도 다양해지고 분쟁 가능성도 높아지므로 인사 문서화, 규정 정비, 노무관리 기록이 반드시 필요합니다. 30인이 넘어가면 대표님 혼자서 모든 인사를 챙기기보다는 노무사 또는 내부 인사담당자와 함께 체계를 만들어가는 것이 회사를 지키는 길입니다.

6. 50인 이상

직원 수가 50명을 넘으면, 가장 먼저 적용되는 것이 장애인 의무고용제도입니다. 민간기업은 상시근로자의 일정 비율만큼 장애인을 의무 고용해야 합니다. 또한 50인 이상 사업장은 법정필수교육인 장애인 인식개선교육을 직접 교육해야 합니다. 교육자료를 게시하거나 배포하는 것이 불가합니다. 이는 전년도 장애인 고용계획 실시 상황 보고 시 장애인 인식개선교육 의무 이행 결과 보고서도 함께 제출해야 합니다.

한편, 산업안전에 관한 중요성이 높아지고 있는 요즘, 50인 이상인 사업장은 '안전관리자'와 '보건관리자' 선임 의무가 있습니다. 50인 이상 제조업, 건설업, 운수업 등 일정 업종에서는 사업장의 산업재해 예방을 위해 반드시 전문 인력을 선임해야 하며, 이를 지키지 않으면 「산업안전보건법」 위반으로 처벌받을 수 있습니다. 50인부터는 "회사가 사람을 지키고 있는지, 그 책임을 다하고 있는지"가 매우 중요합니다.

직원 수가 100인을 넘으면 회사는 법적으로도 '중소기업'의 범주를 벗어난 관리체계를 요구받게 됩니다. 100인, 300인, 500인 이상으로 커지면 장애인고용부담금 납부의무, 고령자고용현황 제출의무, 직장보육시설 설치의무, 재취업지원서비스 의무 등 보다 정교하고 사회적 책임을 요구하는 제도들이 추가로 적용됩니다.

세무사 솔루션

1. 종업원분 주민세, 이게 뭔가요?

종업원분 주민세는 직원에게 급여를 준 사업자가 지방자치단체에 내야 하는 주민세입니다. 납부해야 하는 세금은 '급여 총액 × 0.5%'이고, 지급한 달의 다음 달 10일까지 신고·납부해야 합니다. 이 세금을 기업에게 완전히 부담하도록 하기에는 민감한 사안입니다. 그래서 면세 기준이라는 것이 있습니다.

2024년까지는 '최근 1년간 사업소의 월평균 급여(1년간 지급한 급여의 총액을 월수로 나눈 금액)가 1.5억 원 이하'면 면세였으나 2025년부터는 "1.8억 원 이하"로 바뀌었습니다.

지속되는 인건비 상승 속에서도 고용 창출을 유도하면서 기업의 조세 부담을 줄여 주자는 취지로 면세 기준을 올린 것입니다. 최근 임금이 과도하게 오른 업종이나 사업장에서 일정 급여 이상이라면 면세 혜택을 받을 수 있는 범위가 늘어나게 된 것입니다.

여기서 주의해야 하는 점은 해당 월에 지급한 급여가 1.8억이 되지 않더라도 월평균 급여가 1.8억을 초과하면, 지급한 급여의 0.5%에 대해 신고·납부 의무가 발생한다는 것입니다.

종업원분 주민세는 '자진신고 후 납부' 방식입니다. 급여총액을 기준으로 신고서를 직접 작성해 신고하고, 세금까지 스스로 납부해야 하는 구조입니다. 이렇게 '신고와 납부' 두 가지가 모두 의무이기 때문에, 각각을 놓쳤을 때 가산세도 따로따로 붙습니다.

- 무신고: 과세표준의 20%
- 과소신고: 누락금액의 10%
- 납부지연: 미납세액 × 0.022% × 지연일수(연 환산 약 8%)

따라서 신고와 납부를 모두 챙겨야 불필요한 가산세를 피할 수 있습니다.

2. 사업소분 주민세, 이름은 낯설어도 원리는 간단합니다

"사업소분 주민세요? 그게 뭐에요?"
사업하시는 분들이 가장 처음 묻는 질문입니다. 사업소분 주민세는 사업장이 있는 대표님이라면 매년 8월 내야 하는 세금입니다. '내가 사업을 하고 있는 지역 사회에 내는 공간 사용료' 같은 성격입니다. '사업소(所)가 있다'는 것만으로도 일정한 자산·설비·인력을 갖추고 지역에서 경제활동을 하고 있다는 의미로 보아 그에 대한 책임으로 지방자치단체에 내는 정액 형태의 지방세입니다.

그렇다면 누가, 언제, 얼마를 내야 하는 걸까요? 우선, 납세의무자는 법인사업자와 일정 기준을 초과한 개인사업자입니다. 개인사업자의 경우, 직전 과세기간의 부가가치세 과세표준이 8천만 원을 초과한 경우에만 과세대상이 됩니다. 즉, 소규모로 혼자 운영하는 개인사업자에게 고지서가 오지 않는 이유는 바로 이 면세 기준 때문입니다.

반면, 법인은 자본금 규모와 무관하게 사업소를 보유하고 있는 순간부터 과세 대상입니다. 다만, 실제 납부 세액은 자본금, 종업원 수, 건물 면적 등에 따라 달라집니다.

예를 들자면, 자본금이 1억 원 이하인 일반 법인은 기본세액 50,000원부터 시작하고, 건물 연면적이 330㎡를 초과하면, 1㎡당 250원이 추가 과세됩니다.

연면적 600㎡인 공장을 운영한다면,
600㎡ × 250원 = 150,000원이 추가되므로,
기본세액 50,000원 + 가산 150,000원 = 총 200,000원을 납부해

야 합니다.

오염물질을 배출하는 사업소라면 가산세율이 1㎡당 500원으로 올라갑니다.

그리고 꼭 기억해야 할 점이 하나 있습니다. 바로 사업소분 주민세는 사업장별로 납부한다는 것입니다. 본사와 지점이 있으면 각각의 사업소 소재지별로 과세가 되기 때문에, 고지서도 따로 나오고, 납부도 개별적으로 해야 합니다.

사업소분 주민세는 '고지 납부' 방식으로 지자체에서 고지서를 보내줍니다. 따라서 대부분의 경우는 고지서에 나온 금액을 매년 8월 1일부터 8월 31일까지 납부하면 됩니다. 그래서 신고의무는 따로 없고, 무신고가산세나 과소신고가산세도 적용되지 않습니다. 하지만 납부지연가산세가 부과되는데, 역시 매일 0.022%, 연 8% 이상의 가산세가 붙게 됩니다.

따라서 사업소분 주민세는 원칙적으로 신고는 필요 없지만, 고지된 세액을 납부해야 하는 의무가 있으니, 주의해야 합니다. 특히 여러 사업장을 운영 중이라면, 본사·지점 각각 고지서를 따로 챙겨야 하며, 혹시 고지서를 못 받았더라도 위택스에서 조회 후 납부하는 것이 안전합니다.

노세부부의 쏠쏠한 정리

- 직원이 많아지면 지켜야 할 의무와 책임도 함께 늘어납니다.
- 사람이 늘어난 만큼, 제도와 준비도 한발 앞서 챙겨두는 것이 안전합니다.

2장

직원이긴 한데…
누구세요?

- 고용형태별 인건비 관리의 모든 것

01 생각보다 복잡한, 일용직의 숨은 리스크
일용직 근로자

"일용직인데, 퇴직금까지 줘야 하나요?"

철물 도소매업을 운영하는 김현수 대표님(46세)은 같은 인부 3명을 1년 넘게 매주 2~3일씩 불러 하루 20만 원씩 지급했습니다. 계약서나 4대보험, 인건비 신고는 따로 하지 않았습니다.

그런데 그중 한 명이 퇴직하면서 퇴직금과 미지급 주휴수당을 요구했고, 세무사로부터는 1년 치 인건비 신고 누락으로 가산세 부담이 생길 수 있다는 경고까지 받았습니다. 설상가상, 다른 인부가 작업 중 부상을 당해 산재보험 미가입으로 치료비 전액을 물어줄 상황까지 닥쳤습니다. 김 대표님은 이제야 알았습니다.

"일용직이라도 계속 쓰면 정규직처럼 봐야 한다는 게 이런 거구나…"

> 노무사 솔루션

1. 직원의 고용유형을 제대로 알아야 하는 이유

정규직·계약직·일용직은 겉보기에는 비슷해 보여도, 실제로는 적용 법규와 권리·의무가 크게 다릅니다.

'정규직 근로자'는 근로기간의 정함이 없습니다. 즉 고용관계가 끝나는 날짜 없이 근로계약을 맺고 일하는 직원입니다. 정규직 직원은 회사에서 안정적으로 계속 근무할 수 있도록 법적으로 보호를 받습니다. 해고하려면 정당한 이유가 있어야 하고, 절차도 까다롭습니다. 연차유급휴가, 퇴직금, 4대보험 등 대부분의 근로조건이 적용됩니다.

'계약직 근로자'는 근로계약서에 근무 기간이 명확하게 정해진 직원입니다. 예를 들어 "2025년 8월 1일부터 2026년 1월 31일까지"와 같이 근로의 시작과 끝이 정해져 있습니다. 근무시간과 조건이 정규직과 다르지 않다면, 똑같이 연차유급휴가, 퇴직금 등을 받을 수 있습니다. 그러나 계약 종료일이 정해져 있기 때문에 계약이 끝나면 자동으로 고용이 종료됩니다. 다만, 2년을 초과해 계속 근무하게 되면 무기계약직 전환 의무가 생깁니다.

'일용직 근로자'는 하루 단위 또는 단기간 고용하는 형태로, 근로일이 불규칙하거나 특정 기간에 한정됩니다. 원칙적으로는 단기·간헐적 고용이어서 대부분의 경우 퇴직금·연차휴가가 발생하지 않지만, 일정 기간·시간 이상 근무하면 권리가 발생할 수 있습니다.

대표님의 리스크를 줄이려면 가장 먼저 직원의 유형부터 제대로 알고 있어야 합니다.

2. 이름만 일용직? 계속 쓰면 정규직입니다

위 사례에서 김 대표님은 아마 이렇게 생각하셨을 겁니다. "일용직으로 썼으니 퇴직금, 연차휴가, 주휴수당은 하나도 없는 거겠지?"

그러나 일용직 근로자라도 1개월을 초과해 계속 일하게 된다면 노동부는 이를 '계속근로자'로 간주합니다. 따라서 일용직 근로자가 1주 15시간 이상, 1개월 이상 계속 근무하면 주휴수당·연차유급휴가가 발생합니다. 1년 이상 계속근로 했다면 퇴직금도 당연히 발생합니다.

즉, 형식은 일용직인데, 실질은 정규직처럼 일했다면 노동법은 그 근로자를 정규직처럼 대우해야 한다는 겁니다. 고용노동부는 실질을 중요하게 생각합니다.

3. 일용직이라도 산재보험은 가입해야 합니다

산재보험은 근로자를 고용한 모든 사업주에게 의무입니다. 고용형태·근로기간과는 무관합니다.

위 사례에서 김 대표님은 일용직 직원을 신고도 안 했으니 당연히 4대보험도 가입하지 않았을 겁니다. 신고를 하지 않고 직원을 고용하다가 일용직 직원이 일하는 도중 다치게 되어 산재사고가 발생하면 어떻게 될까요? 신고 없이 고용한 일용직 직원이 작업 중 부상을 당하면, 명백한 근로자이기 때문에 이 직원은 산재보상 청구를 할 수 있습니다. 산재가 인정되면 근로복지공단이 치료비·휴업급여 등을 지급합니다.

문제는 산재보험에 가입하지 않았기 때문에 모든 책임은 대표님에게 갑니다. 여기에 과태료와 소급 보험료까지 더해져 수백만 원에서 수천만 원의 부담이 발생할 수 있습니다. 특히 건설·제조·현장노동처럼 단기 인력 투입이 잦고 위험도가 높은 업종일수록 산재 가능성이 높습니다.

산재보험 미가입 하나로 회사 운영이 흔들릴 수 있습니다. 따라서 "하루 쓰는 인력이라 보험 가입은 생략한다"라는 생각은 매우 위험하며, 고용 첫날부터 산재보험 적용을 준비해야 합니다.

> **세무사 솔루션**

1. 세무상 '일용직' 판정 기준은 이렇게 다릅니다

김현수 대표님처럼 "하루 일하고 하루 일당 주는 사람"이라 해서 자동으로 일용직이 되는 것이 아닙니다. 세무에서는 '일용근로소득자'를 1개월 미만 고용된 근로자로 봅니다.

그러나 단순히 하루 일하고 하루 급여 받는다고 해서 무조건 일용직이 되는 건 아닙니다. 동일인과 반복적으로 계약을 체결해 주 15시간 이상 또는 월 8일 이상, 3개월 이상 근로가 이어지면, 국세청은 이를 상용근로자로 보고 정규직과 동일한 신고·보험 의무를 부과할 수 있습니다.

따라서 일용직을 고용하더라도 근로내용확인신고서를 제출해 고용 형태를 명확히 기록하고, 반복 고용 시점부터는 상용근로자로의 전환 여부를 검토하는 것이 안전합니다.

2. 일용직의 소득세·4대보험 적용 기준

일용근로자는 일급이 187,000원 이하면 소득세가 면제됩니다. 정확히는 현행 「소득세법」상 원천징수세액이 1,000원 미만이면 소액부징수이므로 소득세의 원천징수의무와 납부의무가 없습니다. 따라서 일급이 187,000원을 초과하면, 15만 원 공제 후의 금액에서 55%를 공제한 후 6% 세율을 적용해 원천징수 합니다.

(18.7만 − 15만) (1 − 0.55) × 6% = 999원(소액부징수, 원천징수 및 납부의무 없음)

만약 일급 20만 원이라면 (20만 − 15만) × (1 − 0.55) × 6% = 1,350원이 원천징수세액입니다.

여기에 근로가 반복·상시적이면 국민연금·건강보험의 적용 대상이 될 수 있습니다. 따라서 일정소득 근무일수, 근무시간 등에 따라 4대보험 가입대상으로 인정될 경우 회사가 신고·납부하지 않더라도 공단의 직권으로 부과될 수도 있으니 주의해야 합니다.

3. 신고 누락 시 세무 리스크

일용직은 원천세 신고, 지급명세서 및 근로내용확인신고서 제출이 필수입니다. 이를 누락하면 원천세 미납 가산세, 납부지연가산세, 지급명세서 미제출 가산세 및 근로내용확인신고서 미제출에 따른 과태료가 동시에 부과됩니다.

예를 들어, 사례처럼 만약 3명의 일용직에게 매월 10일씩 일당 20

만 원으로 지급했고, 원천세 신고를 누락한 경우라면, 매월 원천세 및 가산세는 약 37만 원, 지급명세서 및 근로내용확인신고서 누락으로 가산세 및 과태료는 약 15만 원이 발생하게 됩니다. 이것이 1년이 쌓이면 무려 600만 원이 넘는 세금과 가산세, 과태료가 부과됩니다. 게다가 상용근로자로 판단되면, 원천세 재계산으로 인해 세금부담이 더욱 커지고, 4대보험 미가입 부담까지 추가됩니다.

가장 큰 문제는 해당 근로자들과의 고용관계가 종료된 후 미신고에 대한 세금 부담을 근로자에게 요구하기가 어렵기 때문에, 대표님이 부담하는 경우가 많다는 것입니다.

결론적으로, 일용직처럼 인건비의 현금지급이 잦은 경우 미신고에 대한 본세, 가산세, 과태료 등의 리스크를 사업주가 감당하게 되는 경우가 많습니다. 또한 일용직의 반복 고용은 세무·노무 모두에서 '정규직 전환' 리스크로 이어질 수 있으니, 초기에 세무사와 노무사의 확인을 거쳐 적법하게 신고하는 것이 비용 절감의 지름길입니다.

노세부부의 쏠쏠한 정리

- 일용직이라도 반복해서 쓰면 세무와 노무 모두 정규직처럼 봅니다.
- 계약서와 신고, 4대보험 가입을 미루다 보면 생각지 못한 세금과 부담이 한꺼번에 찾아올 수 있어요.
- 처음부터 고용형태를 분명히 하고 전문가와 점검하면 훨씬 마음이 편해집니다

02 3.3%만 떼면 안전한 줄 알았죠?
프리랜서 계약 유의사항

"프리랜서로 쓰면
4대보험 가입 안 해도 된다던데요?"

소규모 디자인 스튜디오를 운영하는 이민호 대표(39세)는 온라인 쇼핑몰 리뉴얼 프로젝트로 디자이너 한 명을 급히 채용했습니다. 지인의 조언에 따라 월 250만 원을 지급하며 3.3% 원천징수하고, '프리랜서 계약서'라는 제목으로 계약을 마쳤습니다.

하지만 실제 업무는 직원과 다를 바 없었습니다. 오전 10시부터 오후 7시까지 사무실 출근, 대표의 디자인·마감 지시, 매달 같은 날 정기 급여, 회사 PC와 프로그램 사용까지 모두 전형적인 근로자 형태였습니다.

1년 1개월 뒤 퇴사한 디자이너가 "퇴직금과 연차수당을 달라"며 노동청에 진정을 넣자, 근로자성이 인정되면서 4대보험 소급과 퇴직금 문제가 한꺼번에 불거졌습니다. 과연 3.3%만 떼면 정말 안전한 프리랜서 계약이 될 수 있을까요?

> 노무사 솔루션

1. 3.3% 공제했다고 바로 프리랜서가 되는 건 아닙니다

대표님들 중에는 "세금 3.3%만 떼면 프리랜서라더라."라는 말을 믿고 3.3%만 공제를 하는 경우가 많습니다. 하지만 3.3%를 공제하는 것은 세무상의 원천징수 방식일 뿐, 그 사람이 '근로자냐 프리랜서냐'를 판단하는 법적 기준은 아닙니다. 3.3%를 공제하였다고 하더라도 실제로 그 사람이 회사의 지시에 따라 일했고, 출퇴근시간이 정해진 상태에서 출근하며, 일정한 급여를 받았다면 노동관계법에서는 근로자성을 인정할 수 있습니다.

즉, 3.3%를 뗐다고 해서 자동으로 프리랜서가 되는 것이 아니며, 오히려 법적 근로자임에도 불구하고 4대보험이나 퇴직금 없이 일하게 한 불법행위로 간주될 수 있습니다.

세무처리 방법은 그저 하나의 보조지표일 뿐, 노무관계의 본질은 '실제 일한 방식'에 따라 결정된다는 것을 기억해야 합니다.

2. 프리랜서인데 근로계약서를 쓰셨나요?

이 대표님이 작성한 프리랜서 계약서, 과연 진짜 프리랜서 계약이었을까요?

명칭을 프리랜서 계약서로 작성했다고 해서 법적으로 프리랜서가 되는 것은 아닙니다. 계약서의 내용도 과연 프리(free)한 내용으로 작성되었는지 확인해야 합니다. 제목만 '프리랜서 계약서'라고 하고, 정작 그 내용들은 근로계약서와 유사하게 작성했다면, 이 대표님에게 매우 불리한 상황입니다. 프리랜서는 '사업소득자'이고 근로자가 아니기 때문에, 근로계약서가 아니라 '용역계약서'로 작성해야 합니다.

용역계약서에는 계약목적, 업무의 범위, 용역에 대한 대가(단가 또는 프로젝트별 지급 등), 근무장소와 근무시간이 자유롭다는 내용이어야 하고 고용관계가 아님을 명확히 기재해야 합니다. 그리고 가장 중요한 것은 용역계약서에 작성한 내용대로 이행해야 합니다.

프리랜서라면 계약도 프리랜서답게. 이것이 분쟁을 막는 첫 단추입니다.

3. 프리랜서에게 퇴직금을 지급해야 하는 이유

프리랜서는 기본적으로 대표님과 사용종속관계에 있지 않습니다. 따라서 진짜 프리랜서라면 퇴직금을 지급할 이유가 없습니다. 그런데 말로만 프리랜서이고, 실제로 대표자와 사용종속적인 관계였다면 더 이상 프리랜서가 아닙니다. 이 경우 근로자성이 인정될 수 있습니다.

고용노동부와 법원이 근로자성을 판단 기준은 다음과 같습니다.

> ☐ 업무 지시 여부 - 상당한 지휘·감독하에 업무 내용·방법을 대표님이 정했는가?
> ☐ 근무 장소·시간의 지정 - 정해진 사무실에서 정해진 시간에 출퇴근했는가?
> ☐ 보수의 성격 - 정해진 날짜에 고정적인 급여를 받았는가?
> ☐ 계속성, 전속성 - 근로제공이 지속적이었으며 다른 회사와 병행하지 않고 이 회사에서만 일했는가?
> ☐ 장비 제공 여부 - 회사가 노트북·프로그램 등 업무수단을 제공했는가?
> ☐ 업무대체성 - 대신 일할 사람을 스스로 선정할 수 있었는가?
> ☐ 사회보험 가입 여부 - 4대보험에 가입되었는가?

이 중 체크한 부분이 많다면, 근로자로 인정될 가능성이 매우 높습니다. 특히 '업무 지시', '근무 장소·시간 고정', '정기급 지급'은 핵심 판단요소입니다. 만약 노동청이 「근로기준법」상 근로자라고 판단하면, 근로자의 권리가 인정되기 때문에 퇴직금, 연차수당 등을 지급해야 합니다.

결국, 제일 중요한 것은 계약서의 명칭이 아니라 실제 '일을 어떻게 시켰느냐'입니다.

> 세무사 솔루션

1. 사업소득과 근로소득, 명확히 구분해야 합니다

구분	사업소득	근로소득
법적 근거	「소득세법」 제19조	「소득세법」 제20조
계약 관계	용역 계약 (자율적 사업자 관계)	근로계약 (종속적 사용자-피고용인)
업무 지시권	지시받지 않음(자율적 수행)	사용자 지휘·감독하에 업무 수행
장소·시간	자율적(재택, 본인 판단)	정해진 장소·시간에서 근무
보수 지급	건별 또는 프로젝트 단가	월급·주급 등 정기적으로 일정액 지급
근무 형태	다른 사업과 병행 가능	종속성 강함, 병행 어려움
4대보험	적용 제외 가능 (원칙적으로 비적용)	적용 대상(사용자 의무)
퇴직금/수당	없음	퇴직금, 연장·야간수당 등 법적 의무
원천세율	보통 3.3% (소득세 3% + 지방세 0.3%)	월급여 기준 간이세액표 적용
소득신고	종합소득세 신고(5월)	연말정산 또는 근로소득 연도별 신고

사업소득과 근로소득은 표면적으로는 모두 "일하고 돈을 받는 것"처럼 보이지만, 소득의 성격과 그에 따른 사업주의 법적 책임은 완전히 다릅니다. 가장 큰 차이는 '지휘·감독하에 일했는가'입니다.

근로소득은 사용자의 지휘와 명령에 따라 정해진 시간과 장소에서 업무를 수행하며, 월급 형태로 정기적인 보수를 받는 경우입니다. 이에 따라 사용자는 해당 근로자에게 퇴직금, 연장근로수당, 연차수당 등 각종 법적 보상을 제공해야 하고, 4대보험 가입 의무도 발생합니다.

반면, 사업소득은 근로자가 독립된 사업자로서 스스로의 판단과 책임하에 업무를 수행하는 경우입니다. 특정한 지시를 받지 않고, 업무 수행 방식이나 시간·장소에 자율성이 있으며, 통상적으로 프로젝트 단위 또는 용역 단가로 보수를 받습니다. 이 경우 퇴직금도 없고, 단지 세법상 3.3%의 원천세만 신고하면 됩니다.

그러나 이는 근로자가 아니라 외부 용역 제공자라는 전제하에서만 가능한 구조입니다. 예를 들어, 매일 같은 시간에 출근해 상사의 지시에 따라 일하고, 월급처럼 정기적으로 보수를 받는다면 이는 '근로자'로 보는 것이 타당합니다. 계약서에 '프리랜서'라고 적혀 있고, 3.3% 원천세를 신고했다 하더라도 실질이 근로자라면 노동청이나 법원은 근로자로 판단합니다.

이러한 구분은 단순한 용어상의 차이를 넘어, 사업주의 민형사상 책임, 비용처리, 세무신고 리스크 등 매우 실질적인 영향을 끼치기 때문에 채용 초기 단계부터 업무지시 여부, 급여 지급 방식, 자율성의 유무 등을 명확히 설정하고 계약서를 작성해야 합니다.

2. 3.3% 원천징수 했다고 안심하면 안 됩니다

많은 대표님들이 '3.3% 원천징수 하면 프리랜서'라고 오해합니다. 하지만 이는 「소득세법」상 사업소득 원천징수일 뿐이고, 노동법상 근로자 여부와는 전혀 다른 판단기준입니다. 따라서 노무관리와 세무신고는 항상 일치시켜야 합니다.

프리랜서 계약이라면 반드시 사업소득 원천징수영수증, 용역계약서 등을 남겨두고, 업무 내용이 변동되면 계약 내용도 즉시 갱신해야 합니다.

세무적 리스크도 따릅니다. 근로소득으로 판단되면 기신고된 사업소득은 부인되고, 원천세 미납, 가산세가 부과될 수 있으며, 기존에 경비 처리한 인건비도 비용인정이 거절될 수 있습니다.

즉, 3.3% 원천징수는 안전망이 아닙니다. 세무서나 노동청 모두 형식보다 실질을 중시하므로, 업무 지시와 고정급 지급 등 근로자성을 인정할 수 있는 상황이라면 애초에 근로계약과 4대보험 가입해야 합니다.

노세부부의 쏠쏠한 정리

- 3.3%만 뗀다고 곧바로 프리랜서가 되는 건 아니에요.
- 실제로 지휘·감독을 받으며 정해진 시간과 장소에서 일하면 노동법상 근로자로 봅니다.
- 계약서 작성부터 세무·노무 처리를 일치시켜야, 퇴직금·4대보험·세무 리스크를 한꺼번에 예방할 수 있어요.

03 주말 알바도 근로자입니다만…

아르바이트 관리 포인트

"주말 알바는 그냥
시급만 주면 되는 거 아닌가요?"

도넛 가게를 운영하는 최은주 대표님(38세)은 주말마다 손님이 몰리는 바람에 대학생 아르바이트생을 한 명 더 고용했습니다. 주말 알바니까 시급 11,000원으로 계산해서 주기로 했습니다.

주말에만 나오기 때문에 일용직으로 신고하면 된다고 생각해서 근로계약서도 따로 안 썼습니다. 그런데 6개월 뒤, 그 알바생이 "주휴수당 주세요"라며 고용노동부에 진정을 넣었습니다.

"주말 알바인데 주휴수당이요? 일용직으로 신고했는데, 그런 것도 줘야 하나요?"

노무사 솔루션

1. 짧게 일해도 근로자는 근로자입니다

대표님들이 흔히 말하는 '아르바이트생'은 사실 법적으로 존재하는 개념은 아닙니다. 노동법에서 중요한 건 호칭이 아니라 실제 일하는 방식과 관계입니다. 아르바이트라도 출퇴근 시간이 정해져 있고, 매장 책임자의 지시에 따라 일하며, 임금을 정기적으로 받았다면, 법적으로 명백한 '근로자'입니다.

위 사례에서 최 대표님처럼 바쁜 주말에만 나오는 아르바이트를 고용하는 경우가 많은데요. 이 아르바이트생은 정규직 근로자보다 주당 근로시간이 상대적으로 더 적기 때문에 '단시간 근로자'입니다.

최 대표님이 놓친 포인트는 이 아르바이트생이 단기 고용이라서, 혹은 학생이라서 법의 보호 대상이 아니라고 생각한 것입니다. 「근로기준법」은 '근로계약을 체결하고 일한 모든 사람'에게 적용됩니다. 즉, 하루만 일해도 근로계약서를 써야 하고, 주 15시간 이상 일하면 주휴수당, 1년 넘게 일하면 퇴직금까지 발생합니다.

또한 알바생이 오래 일하지 않았더라도 근로관계가 인정되기 때문에 노동청 진정이나 소송이 발생했을 때, "그냥 잠깐 쓴 알바였다"라는 주장은 전혀 통하지 않습니다. 늘 말씀드리지만 노동법은 형식보다 실질이 우선이기 때문입니다.

2. 단기 고용도 4대보험은 빠지면 안 됩니다

"이 친구는 그냥 단기 알바라서 4대보험 안 들어도 되죠?"

많은 대표님들이 이렇게 말씀하십니다. 그러나 단기 고용이라고 해서 모든 4대보험이 예외가 되는 건 아닙니다.

먼저 산재보험은 단 하루 일해도 반드시 가입해야 합니다. 고용한 시점부터 자동 성립되며, 가입하지 않은 상태에서 사고가 발생하면 전액 사용자 책임입니다. 의외로 많은 분들이 "하루 알바면 괜찮겠지" 하고 방심하는 부분입니다.

고용보험은 월 60시간 미만이고 3개월 미만으로 계약한 기간제 근로자의 경우 제외대상입니다. 그러나 1개월 이상 계속 근로할 예정이거나, 실제로 1개월을 초과해 근무한 경우에 가입 대상이 됩니다. 특히 알바생이 정해진 스케줄에 따라 반복적으로 근무한다면 '상용직'으로 간주되므로 고용보험 가입대상이 됩니다.

국민연금·건강보험은 '일용직'과 '단시간근로자'는 다른 기준으로 관리됩니다. 월 60시간 미만 근로자의 경우 국민연금과 건강보험 가입대상에서 제외됩니다. 일용직 근로자는 어떨까요? 1개월 이상 근무한 일용직 근로자가 월 8일 이상 근무한 경우에는 국민연금, 건강보험 가입대상이 됩니다(국민연금의 경우 월 220만 원 이상 소득인 경우 당연 가입).

3. 휴게시간과 대기시간

간혹 몇몇 대표님들이 이런 말씀을 하십니다.

"손님 없으면 알바생도 중간에 앉아서 쉬는데, 쉬는 시간을 또 주라고요?"

「근로기준법」 제54조에 따르면, 근로시간이 4시간을 넘으면 30분 이상, 8시간을 넘으면 1시간 이상의 휴게시간을 근무시간 도중에 반드시 부여해야 합니다. 단, 중요한 조건이 있습니다. 이 휴게시간은 근로자가 자유롭게 이용할 수 있어야 합니다. 예를 들어, 오전 11시부터 오후 4시까지 일한 아르바이트생은 총 5시간 근무이므로 최소 30분의 휴게시간이 보장되어야 합니다.

만약 매장 안에 앉아 있다가 손님 오면 다시 카운터로 나가는 경우라면 어떨까요? 휴게시간은 근로자가 자유롭게 이용해야 한다고 말씀드렸습니다. 따라서 이 경우는 휴게시간이 아니라 대기시간, 즉 근로시간으로 인정됩니다.

이처럼 쉬는 것처럼 보여도 '쉴 수 없는 구조'라면 법적으로는 일한 시간으로 봅니다. 실제 사례에서는 이 대기시간을 포함하지 않아 연장수당, 주휴수당, 퇴직금 계산에서 누락되어 분쟁이 발생하는 일이 많습니다.

> 세무사 솔루션

1. 고용형태별 구분

사업장에서 사람을 채용할 때는 '일을 어떻게 하느냐'보다 '어떤 형태로 고용하느냐'가 훨씬 중요합니다. 겉보기에 단순한 아르바이트나 프리랜서 계약도 실무적으로는 전혀 다른 세무·노무 의무를 발생시킵니다.

정규직과 계약직은 전형적인 근로자 형태로, 입사와 동시에 근로계약서 작성, 4대보험 가입, 근로소득세 원천징수, 그리고 퇴직 시 퇴직금 지급까지 전반적인 고용 관리가 필요합니다. '기간의 차이'만 있을 뿐, 계약직 역시 근로자이므로 대우는 동일하게 적용됩니다.

반면, 일용직(아르바이트)은 하루 또는 며칠 단위로 일하는 형태이지만, '근로자'인 점은 변하지 않습니다. 그래서 반드시 근로계약서 작성, 일당 지급 시 6% 원천징수, 일용근로 지급명세서 제출 등의 의무가 발생합니다. 특히 월 60시간 또는 월 8일 이상 근무 시 4대보험 의무 가입 대상이 되며, 일정 근무 조건을 충족하면 주휴수당과 퇴직금까지 지급해야 할 수도 있습니다.

가장 오해가 많은 건 프리랜서입니다. 아르바이트생을 외형상 '계약서 쓰고 3.3% 떼면 끝'이라고 생각하기 쉽지만, 실제로는 회사가 지휘·감독을 하고, 정해진 시간·장소에서 근무했다면 세무서나 노동청은 이를 '근로자'로 판단할 수 있습니다. 이렇게 되면 사업소득이 아닌 근로소득으로 소급 적용되니, 미신고된 4대보험료와 퇴직금, 주휴수당, 연장근로수당, 심지어 과태료까지 문제가 될 수 있습니다.

즉, 고용형태를 단지 '이 사람은 알바야', '이 사람은 외주야'라고 구분해서는 안 되고, 업무의 실질, 지휘·감독의 유무, 근무시간·장소의 자율성, 대체 가능성 등을 기준으로 종합적으로 판단해야 합니다. 이를 무시하고 간단하게 처리하면, 훗날 민원이나 조사로 인해 회사 전체가 리스크에 빠질 수 있습니다.

> **판례 참고**
> **대법원 2013. 6. 27. 선고 2011다44276**
> 근로기준법상 근로자에 해당하는지 아닌지는 계약의 형식이 고용계약인지 도급계약인지보다 그 실질에 있는 근로자가 사업 또는 사업장에 임금을 목적으로 종속적인 관계에서 사용자에게 근로를 제공하였는지에 따라 판단하여야 한다.

2. 아르바이트생의 세무 신고 유의사항

아르바이트생의 세무신고는 다음 두 가지 중 실질 근무형태에 따라 구분됩니다.

구분	정규직 또는 계약직 (상시근로자)	일용직(단속적근로자)
고용 기간	1개월 이상 지속 근무	3개월 미만, 단속적 고용
근로 시간	주 15시간 이상 → 주휴수당, 4대보험 의무	주당 시간 관계없음
근무 패턴	정기적 출근(매주/매일)	간헐적 출근(필요시)

퇴직금	1년 이상 근속 시 지급	원칙적으로 없음 (예외적 인정 가능)
4대 보험	의무가입	일정 요건 충족 시 일부 가입
신고 유형	근로소득자 간이지급명세서 제출	일용근로 지급명세서 제출

사업장에서 아르바이트를 채용했을 때, 이 근로자가 상시근로자(정규직 또는 계약직)로 분류되어야 하는지, 아니면 일용직으로 신고해도 무방한지는 '실질적인 근무 형태'에 따라 나눌 수 있습니다.

먼저, 고용 기간을 확인해야 합니다. 1개월 이상 지속적으로 근무하게 되면 정규직이나 계약직으로 보고 근로소득자로 신고해야 하며, 3개월 미만으로 단속적으로 일하는 경우에는 일용직으로 신고할 수 있습니다.

단, 단기 고용이라고 해서 무조건 일용직으로 처리할 수 있는 것은 아니고, 근로일의 빈도나 정기성이 중요합니다. 예를 들어, 매주 주말마다 정기적으로 일하는 아르바이트생은 겉으로는 단기근무처럼 보일 수 있지만, 실질적으로는 사업장 내 상시적인 근무 형태에 가까워 일용직 요건을 충족하지 못할 수 있습니다.

또한, 근로시간과 주당 근무일수도 중요한 판단 요소입니다. 예를 들어, 아르바이트생이 주 15시간 이상, 주 3일 이상 고정된 시간에 출근한다면 이는 일반적인 상시근로자와 유사하므로 4대보험 가입 대상이 되며, 근로소득세율(간이세액표)로 원천징수 하고, 간이지급명세서도 제출해야 합니다.

반면, 주 1~2회, 간헐적·비정기적으로 일하는 단속적 근무자라면 일용직으로 인정받을 수 있습니다. 이 경우에는 매회 근로일마다 일당의 6%만 원천징수 하면 되고, 지급한 달의 다음 달 말일까지 일용근로소득 지급명세서를 제출하면 됩니다. 일용직은 보통 건설현장, 행사보조, 급한 물류지원을 위해 하루 또는 며칠 일하는 경우에 해당되며, 카페나 편의점, 식당처럼 고정된 장소에서 반복적으로 일하는 형태는 일용직으로 보기 어렵습니다.

3. 프리랜서로 처리하면 안 되는 이유

많은 사업주가 "아르바이트생에게 3.3%만 떼고 주면 되는 거 아닌가요?"라고 묻곤 합니다. 하지만 이것은 세법과 노동법 모두를 위반할 수도 있습니다. 프리랜서는 기본적으로 '지휘·감독을 받지 않는 독립된 계약자'이어야 하며, 자신의 도구를 사용하고, 근무 장소와 시간도 스스로 선택할 수 있어야 합니다.

그러나 아르바이트는 보통 정해진 시간에 출근하고, 회사가 정한 업무를 수행하며, 사업주의 지휘·감독하에 일합니다. 이런 구조라면 아무리 계약서에 '용역계약'이라고 써도, 실질적으로는 근로자에 해당합니다. 따라서 이들을 프리랜서로 처리하여 3.3%만 원천징수 하고, 사업소득 지급명세서를 제출하면, 근로소득세 탈루, 4대보험 누락, 퇴직금 미지급 등으로 노동청 진정이나 국세청 추징 대상이 됩니다.

또한, 고용주뿐 아니라 아르바이트생 본인도 4대보험 이력이 누락되어 향후 실업급여, 출산휴가급여, 연금 수령액 등에서 큰 불이익을 받을 수 있습니다.

즉, 출근시간이 정해져 있고, 매주 근무하고, 급여가 정해져 있다면 '근로자'입니다. 프리랜서 계약서는 아무 소용 없습니다.

노세부부의 쏠쏠한 정리

- 아르바이트생도 근로계약서를 써야 하고, 주 15시간 이상 일하면 주휴수당·4대보험가입 의무가 생깁니다.
- 일용직이면 지급명세서를 제출하고, 정기적으로 근무하면 상시근로자로 보고 근로소득으로 신고해야 합니다.
- "잠깐 쓰는 알바니까 괜찮겠지"라는 생각이 가장 위험합니다.

04 외국인이라고 대충 하면 안 됩니다
외국인 근로자 채용 시 유의사항

"외국인 직원 채용해도 문제없죠?
일만 잘하면 되는 거 아닌가요?"

숙박업을 운영하는 한지훈 대표님(39세)은 최근 외국인 고객 응대를 위해 한국어 가능한 D-2 비자 유학생을 아르바이트로 채용했습니다.

채용할 때 "본인이 유학생 비자여서 소득이 발생하면 안 된다고 신고를 안 할 수 없겠냐"라고 하였고, 주변 사장님들 이야기 들어보니, 그냥 현금지급 해도 특별히 문제가 없다고 하여 인건비 신고 없이 고용하고 있습니다.

그런데 두어 달 뒤, 출입국관리소로부터 연락이 왔습니다.

"D-2 비자는 고용허가 대상이 아니며, 근로가 제한됩니다. 불법고용에 해당될 수 있으며, 벌금 대상이 될 수 있습니다."

세무서에서도 연락이 와서, "비자 범위에 맞지 않으면 외국인 인건비는 비용 인정도 어렵고, 사업장 과태료나 불법고용 처분까지 갈 수 있다"라는 이야기를 들었습니다.

한 대표님은 생각보다 무겁게 다가온 이 상황에 당황했습니다.

"일도 잘하고 성실한데… 오히려 내가 처벌받을 수 있다니요? 이제 어떻게 해야 할까요?

> **노무사 솔루션**

1. D-2 비자는 원칙적으로 유학이 목적입니다

D-2 비자는 정규 학위 과정에 등록한 외국인 유학생에게 발급되는 비자입니다. 따라서 원칙적으로는 '유학'이 목적이기 때문에, 취업을 하는 데 요건이 필요합니다. 한국에 공부하기 위해서 왔으나, 일정 조건을 갖춘 경우에 한해서 아르바이트 형식으로 시간제 근로가 가능한 것입니다.

따라서 D-2 비자 외국인 유학생을 아르바이트로 고용하고자 할 때, 대표님 입장에서 먼저 확인하셔야 할 사항이 있습니다.

출입국관리사무소로부터 사전허가를 받았는지, 가능한 근로시간이 어느 정도인지, 우리 회사 업종이 D-2 비자 유학생 채용이 가능한 업종인지 등 입니다.

위 사례에서 한 대표님은 "아르바이트생이니까, 문제될 거 없겠지"라고 생각했겠지만, 사업주가 고용허가 없이 아르바이트를 채용하는 것은 불법고용에 해당합니다.

2. 4대보험 가입여부는 비자마다 각각 확인해야 합니다

"아니, 외국인인데 4대보험도 가입해야 하나요?"

4대보험은 내국인만 가입하는 것이라고 생각하시는 분들이 간혹 있습니다. 그러나 4대보험은 외국인이어도 가입대상이 될 수 있습니다. 다만, 체류자격에 따라 가입여부가 상이하므로 사전에 확인을 해야 합니다.

한 대표님이 아르바이트로 채용한 D-2 유학생의 경우, 국민연금과 고용보험은 가입 대상이 아닙니다. 국민연금은 자격은 있으나 본인이 원할 때만 임의가입 가능하며, 고용보험은 유학생의 체류 목적상 원칙적으로 제외됩니다.

그러나 '건강보험'과 '산재보험'은 가입해야 합니다. D-2 비자 외국인유학생의 경우 국내에서 외국인등록을 마치면 건강보험에 자동으로 가입됩니다. 이후 아르바이트를 하게 되면 지역가입자에서 직장가입자로 전환되는 것입니다. 따라서 대표님이 유학생을 고용하면서 건강보험 신고를 누락하면 건강보험료가 추징되고, 근로자도 추후 체류기간 갱신이나 비자 연장 시 불이익이 따를 수 있습니다.

산재보험은 내국인, 외국인, 심지어 불법체류자도 '노무 제공'이 확인되면 무조건 적용되는 강제보험입니다.

단지 '외국인이니까', '유학생이니까' 하고 넘어갈 수 있는 문제가 아닙니다. 대표님의 사업 리스크와 직결되는 부분이니 반드시 체크해야 합니다.

3. 불법고용의 리스크

위 사례에서 한 대표님은 고용허가 없이 D-2 비자 유학생을 아르바이트로 고용했습니다. 이는 불법고용에 해당합니다.

법무부장관의 허가 없이 외국인이 아르바이트를 하다가 적발되면, 비자 변경 불허 및 강제퇴거 명령이 내려질 수 있습니다(「출입국관리법」 제46조제1항제8호 및 제67조제1항제1호). 또한 사안에 따라 3년 이하의 징역 또는 3,000만 원 이하의 벌금형에 처해질 수 있습니다(동법 제94조제12호).

국내 체류하는 외국인이 금고 이상 형이 확정되거나 300만 원 이상 벌금형이 선고될 경우 강제퇴거 대상자가 됩니다. 한국에 공부하러 왔다가 불법취업으로 한국 생활을 정리하고, 본국으로 돌아가야 할 수도 있는 것입니다.

사업주 또한 고용허가를 받지 않은 외국인을 적법하지 않게 고용할 경우, 형사처벌·벌금, 향후 고용제한 등 불이익이 따릅니다. 처음엔 복잡해 보여도, 절차를 지켜서 합법적으로 채용하는 것이 결국 회사를 가장 안전하게 지키는 방법입니다.

> 세무사 솔루션

1. 미신고 인건비는 비용으로 인정되지 않습니다.

대표님이 외국인 근로자를 고용해 급여를 지급했다면, 내국인과 마찬가지로 세법상 비용으로 인정받기 위해서는 반드시 증빙이 필요합니다. 그런데 만약 비자 요건 충족 여부나 개별적 사정으로 인해 근로계약서도 없고, 급여지급 내역도 없고, 세무신고도 하지 않은 경우라면 해당 인건비는 필요경비로 인정되지 않습니다.

위 사례처럼 한 대표님이 외국인 아르바이트생에게 매월 현금으로 급여를 지급했더라도, 그 금액은 세법상 비용이 아닙니다. 비용으로 인정되지 않으니 매출에서 빠지지 않고 그대로 과세표준에 포함되어, 대표님의 세금부담이 커지게 됩니다.

예를 들어 개인사업자이면서, 현금으로 지급한 알바비가 450만 원이라면, 세무서에서는 '인건비 부인' 처리를 하게 되고, 대표자의 순이익이 450만 원만큼 증가하게 됩니다. 이 금액이 종합소득세 과세표준에 더해지며, 만약 24%의 세율을 적용받게 되면 약 108만 원의 세금이 추가로 발생하게 됩니다. 여기에 지방소득세까지 포함하면 총 약 120만 원 가까운 세부담이 늘어나게 되는 것입니다.

결국 외국인을 고용할 때는 합법적인 절차로 진행해야, 대표님의 선의가 불법으로 돌아오는 일을 막을 수 있습니다.

2. 원천징수 미이행 시 가산세, 외국인도 예외는 아닙니다

외국인을 고용하면서 급여를 지급했다면, 사업주는 그 소득에 대해 '원천징수' 의무를 집행해야 합니다. 특히 프리랜서로 고용된 경우 사업소득으로 3.3%를, 근로자라면 간이세액표에 따른 세율을 적용해야 하죠.

하지만 한 대표처럼 아예 소득신고 자체를 하지 않은 경우, 세무서에서는 이를 '원천세신고 미이행'으로 간주합니다. 미납한 원천세 외에도 무신고가산세(3%)와 납부불성실 가산세(미납일수 × 2.2/10,000), 그리고 지급명세서 미제출 가산세(지급금액의 1%)까지 부과될 수 있습니다.

따라서 외국인 고용 시에는 반드시 원천징수를 정확히 이행해 불필요한 세금 부담을 예방해야 합니다.

노세부부의 쏠쏠한 정리

- 외국인 직원 채용은 '일만 잘하면 된다'보다 '합법적인 고용'이 먼저입니다.
- 비자 확인 없이 채용하면 불법고용으로 벌금이나 사업 제한을 받을 수 있고, 세무상 인건비도 인정되지 않아 세금 부담이 커질 수 있어요.
- 채용 전에는 비자, 4대보험, 원천징수 여부를 확인해 두면 불안 없이 안전하게 함께 일할 수 있습니다.

05 창작의 고통은 예술인 몫, 고용의 책임은 대표님 몫!

예술인 고용보험

"작가님은 프리랜서시죠?
그럼 3.3%만 떼면 다 된 거죠?"

브랜딩 콘텐츠 회사를 운영하는 김윤정 대표님(38세)은 1년 넘게 매달 정해진 주제의 웹툰을 연재하며, 외부 작가 송하윤 씨에게 원고료를 지급해 왔습니다. 계약서는 '프리랜서'로 했고, 3.3% 원천징수도 문제없이 처리했습니다.

그런데 얼마 전, 근로복지공단으로부터 '예술인 고용보험 적용 대상이므로 보험료를 납부하라'는 안내 공문이 날아왔습니다. 윤정 대표님은 당황했습니다.

"이분은 외부 필자일 뿐인데, 고용보험이라뇨? 저희 직원도 아닌데요?!"

노무사 솔루션

1. 프리랜서가 고용보험도 들어요?

대표님, "외주 작가니까 당연히 프리랜서"라고 생각하셨나요? 하지만 예술인 고용보험의 관점은 조금 다릅니다.

예술인 고용보험은 '근로자'가 아닌 '예술활동 계약자'에게 적용되는 별도 제도입니다(「고용보험법 시행령」 제104조의5). 핵심은 이 사람이 '문화예술용역계약'을 맺고 일정한 대가를 받으며 활동했는가입니다. 예를 들어 에세이, 영상기획, 일러스트, 작곡 등 창작물 제공이 주된 계약이라면 예술인 고용보험의 적용 대상이 될 수 있습니다. 반면 단순 콘텐츠 운영, 디자인 편집, SNS 관리처럼 기획·운영 업무 중심이면 예술인이 아닐 수 있습니다.

한편 만 65세 이상 신규계약한 예술인이나 15세 미만의 예술인은 고용보험 적용이 제외될 수 있습니다. 또, 월평균소득 50만 원 미만인 경우 등도 가입대상에서 제외될 수 있습니다.

정리하면, ① 문화예술용역과 관련 계약을 체결했고, ② 예술인이 직접 노무를 수행하고, ③ 15세 이상 65세 미만이거나 65세 이전부터 계속 계약했고, ④ 1개월 이상 계약자이고, ⑤ 월평균소득 50만 원 이상이라면 예술인 고용보험 적용 대상입니다.

예술인 고용보험 적용대상인지 애매한 경우, 근로복지공단이 최종 판단하게 됩니다. 따라서 대표님은 계약 내용과 활동내역만 명확히 기록해 두면 됩니다.

2. 가입대상이 맞다면, 회사는 어떻게 해야 하는 거예요?

사업주는 예술인 고용보험료 원천징수 하여 보험료를 납부해야 하는 의무자입니다. 일반근로자의 고용보험료는 총 1.8%인 데 반해 예술인 고용보험의 보험료는 총 1.6%로, 대표님과 예술인이 각각 0.8%씩 부담합니다. 이는 매월 원고료나 창작료 지급 시 함께 원천징수 하면 됩니다.

또한 사업주는 신고의무가 있습니다. 계약 체결 후 14일 이내 고용노동부 또는 근로복지공단에 예술인 고용보험 신고서를 제출해야 합니다. 5인 이상 사업장은 1개월 이상 지연 시, 5인 미만 사업장은 6개월 이상 지연 시 최대 300만 원의 과태료가 부과될 수 있습니다.

근로복지공단에 신고를 하려면 사업장 관리번호가 필요합니다. 따라서 예술인 전용 사업장 관리번호를 별도로 생성해야 합니다. 기존 근로자용 관리번호와는 구분되는 것으로 고용보험 홈페이지나 근로복지공단에 신청하면 바로 받을 수 있습니다.

3. 이중가입, 허용됩니다

대표님, 혹시 이런 작가 만나 보신 적 있으신가요?
"저 낮에는 출판사 직원인데, 주말엔 그림 그리고, 칼럼도 써요."
예전 같았으면 "이미 고용보험 가입자니까 예술인 고용보험은 해당 없겠네"라고 판단했을 겁니다. 하지만 2022년 전후로 제도가 정착되면서 지금은 근로자 고용보험과 예술인 고용보험의 이중가입이 허용됩니다.

즉, 평일엔 회사원으로 출근하고, 주말이나 퇴근 후에 프리랜서로 창작 활동을 한다면, 각각의 소득에 대해 고용보험을 이중으로 납부해야 하며, 두 자격을 모두 유지할 수 있습니다.

예를 들어 위 사례에서 송하윤 작가가 낮에 편의점 아르바이트를 하면서 웹툰 작가로 일하고 있다면, 편의점 근로자로서의 고용보험과 예술인으로서의 고용보험 모두 동시에 취득이 가능합니다. 이러한 구조 때문에, 대표님은 예술인 계약을 체결할 때 그가 직장인이더라도 일단 원칙에 따라 신고를 해야 합니다. 이후 근로복지공단을 통해 중복 여부를 한 번 더 확인할 수 있습니다. 즉, 대표님이 "직장 다닌다니까 안 해도 되겠지"라고 판단하고 신고를 생략하면 과태료 대상이 될 수 있습니다.

> 세무사 솔루션

1. 인적용역에 대한 사업소득과 기타소득의 차이

사업소득 VS 기타소득

구분	사업소득	기타소득
소득의 성격	계속·반복적 업무로 인한 소득	일시적·우발적인 소득
대표 사례	프리랜서 작가, 강사, 디자이너, 유튜버, 웹툰 작가	원고료, 강연료, 자문료 등 1회성 지급분
지급 빈도	정기적·지속적 계약 (월별, 주별 등)	단발성 지급, 일회성 계약
경비 처리	필요경비 인정 (실제지출 또는 기준경비율)	필요경비 60% 인정 (기타소득공제)
원천징수 세율	3.3% (소득세 3% + 지방소득세 0.3%)	8.8% (소득세 8% + 지방소득세 0.8%)

사업소득과 기타소득은 겉보기엔 모두 '프리랜서 비용'처럼 보이지만, 이 둘은 세법상 명확히 구분되며 세율, 경비 처리, 신고 방식, 심지어 고용보험 여부까지 달라집니다.

우선, 사업소득은 반복적이고 지속적인 업무를 통해 수익을 창출하는 구조입니다. 예를 들어, 매월 블로그에 글을 연재하고 원고료를 받는 프리랜서 작가는 명백한 사업소득자입니다.

사업소득자는 기장 신고를 통해 실제 경비를 반영할 수도 있고, 기준경비율이나 단순경비율을 활용할 수도 있어 절세 전략의 폭이 넓습니다. 게다가 일정 요건을 충족하면 부가가치세 과세 대상이 되기도 합니다.

반면, 기타소득은 일시적·우발적·비반복적 소득을 의미하며, 일회성의 강연료나 자문료 등이 여기에 해당합니다. 필요경비는 실제 경비를 공제하지만 최소한 기타소득의 60%(2025년 기준)는 인정해 줍니다. 여기에 기타소득은 원천징수세율이 22%(지방소득세포함)이므로 대부분 기타소득의 8.8% 원천징수 합니다.

예를 들어, 매주 특정 유튜버의 콘텐츠를 편집해 주고 정기적으로 돈을 지급한다면 이는 사업소득입니다. 하지만 1회성 행사 홍보 영상을 만들어 주고, 이후 더 이상 일을 하지 않았다면 이는 기타소득으로 볼 수 있습니다. 동일한 영상 편집 업무라도 반복성과 계약 구조가 소득 구분을 결정하는 것입니다.

사업소득과 기타소득의 차이는 단지 세율에만 있지 않습니다. 지급명세서 제출 시기, 고용보험 대상 여부, 장부 기장 여부, 부가세 여부까지 영향을 줍니다. 따라서 계약 구조, 업무의 반복성, 대가 지급의 규칙성, 소속감 등 종합적 요소를 고려하여 소득 구분을 명확히 해야, 나중에 소득세 과세나 고용보험 가입 통지 등에서 불필요한 분쟁을 막을 수 있습니다.

2. 예술인 고용보험료도 절반씩 부담합니다

「고용보험법」 제77조에 따르면, 계약에 따라 보수를 지급받는 예술활동 종사자는 고용보험 가입 대상입니다. 즉, 작가, 일러스트레이터, 영상제작자, 음악가 등 일정한 계약관계 아래 창작활동을 반복적으로 수행하는 프리랜서 예술인도 포함됩니다.

2025년 기준으로, "예술인 고용보험의 총보험료율은 1.6%"입니다. 이 중 절반은 예술인 본인이 부담하고, 나머지 절반은 사업주가 부담하며, 보험료의 산정기준은 부가세를 제외한 보수월액 기준입니다.

예를 들어, 프리랜서 일러스트레이터에게 부가세 포함 110만 원을 지급하는 경우, 보수월액은 부가세를 제외한 100만 원으로 보고, 여기에 1.6%를 적용하여 보험료를 계산합니다. 따라서 총고용보험료는 16,000원이며, 그중 8,000원은 작가가, 8,000원은 사업주가 부담합니다.

마지막으로 사업주가 부담한 예술인 고용보험료 8,000원은 회계상 사회보험료 또는 복리후생비 계정으로 처리할 수 있고, 전액 세법상 비용(손금 또는 필요경비)으로 인정됩니다.

노세부부의 쏠쏠한 정리

- 프리랜서라고 해서 세금만 3.3% 떼면 끝나는 건 아니에요.
- 웹툰·일러스트처럼 일정하게 창작 활동을 하는 경우에는 예술인 고용보험에 가입해야 하고, 보험료 1.6%는 작가와 회사가 절반씩 나눠 부담합니다.
- 결국 사업소득(3.3%)으로 신고하고, 지급명세서 제출까지 챙기면 불필요한 분쟁 없이 안전하게 관리할 수 있습니다.

3장

급여 줬는데,
왜 세금은 더 나가죠?

- 급여 항목별 처리법, 비과세와 세금의 줄타기

01 법대로 안 하면
　　　비용도, 세금도 낭패
법정수당의 기준과 세무처리

"야간근로수당이요?
그냥 월급 안에 다 포함된 거 아닌가요?"

　생활형 편의점 2호점을 운영하고 있는 김상우 대표님(41세)은 직원 16명 모두 주 15시간 미만으로 근무하게 했습니다. 급여는 지인의 조언에 따라 월 220만 원으로 통일해 지급하고 있었습니다. 그러던 어느 날, 야간에 일하던 직원이 "수당이 안 나왔다"라며 노동청에 진정을 넣었습니다. 김 대표님은 깜짝 놀랐습니다.
　"야간이고 뭐고, 그냥 월급 안에 다 포함된 거 아닌가요? 주 15시간 미만인데 내가 따로 줘야 하나요?"

> 노무사 솔루션

1. 법정수당은 정확히 알고 계셔야 합니다

　연장·야간·휴일근로수당은 「근로기준법」 제56조에 명시되어 있기 때문에 법정수당이라고 합니다. 많은 대표님들이 "1.5배를 줘야 하는 건 알겠는데, 어떤 경우에 지급해야 하는지 잘 모르겠다"라고 말씀하십니다. 법정수당에 대해 설명드리겠습니다.

　'연장근로수당'은 주 40시간 또는 1일 8시간을 초과하여 근로하는 경우 해당 시간에 대해서 통상시급의 50%를 가산해서 지급해야 합니다.

　'야간근로수당'은 오후 10시~익일 오전 6시 사이 근로하는 경우 지급하는 수당입니다. 야간에 근무를 하면 통상시급의 50%를 가산해서 지급해야 합니다. 만약 연장근무시간이 야간이라면 중복해서 지급해야 합니다.

　'휴일근로수당'은 휴일에 쉬어야 하는데 나와서 일했기 때문에 지급하는 수당입니다. 법정공휴일, 주휴일, 약정휴일에 근무하면 지급합니다. 8시간 이내의 휴일근로는 1.5배, 8시간을 넘어서 근무하면 2배로 지급해야 합니다.

　법정수당을 가산해서 지급하는 이유는 간단합니다. 추가 노동을 하는 것에 대한 정당한 금전적 보상을 하게 하여 근로자의 권익을 보호하고, 동시에 사용자가 기준 근로시간을 준수하도록 유도하기 위해서입니다.

수당 종류	발생 조건	가산율 (시급 기준)	계산 예시 (시급 2만 원)
연장 근로 수당	1일 8시간, 1주 40시간 초과 근로 시	1.5배	2만 원 × 1.5 = 30,000원
야간 근로 수당	오후 10시~익일 오전 6시 근로 시	1.5배	2만 원 × 1.5 = 30,000원
휴일 근로 수당	법정공휴일, 주휴일, 약정휴일 등 휴일근로 시	8시간 이내: 1.5배 8시간 초과: 2배	2만 원 × 1.5 = 30,000원 (8시간 초과 시: 2만 원 × 2 = 40,000원)
중복 가산	연장 + 야간, 휴일 + 야간 등 겹칠 시	각 가산율 합산	연장 + 야간: 2만 원 × 1.5 + 2만 원 × 0.5 = 40,000원

법정수당은 임금입니다. 따라서 법정수당을 지급하지 않으면 임금체불입니다. 이 사실을 대표님이 명확히 알아야 하고, 이 부분을 놓치면 체불임금·세무조사·소송문제가 되어 대표님에게 돌아옵니다.

2. 포괄임금제라고요? 자칫하면 체불로 직행합니다

월급 안에 다 들어 있다는 말, 현장에서 정말 많이 듣습니다. 그러나 노동법은 하나로 통치지 않습니다. 급여 항목을 명확히 구분해야 하며, 연장·야간·휴일근로수당은 별도 항목으로 분리하여 지급하는 것이 원칙입니다.

포괄임금제는 잘 쓰면 편리하지만, 서면 계약과 수당 계산이 없으면 '위법한 급여체계'가 됩니다. 위 사례의 김 대표님처럼 "220만 원 안에 다 포함했어요"라고 주장하려면, ① 근로계약서에 '포괄임금제 적용'을 명시하고, ② 기본급, 야간수당, 연장수당, 휴일수당 등 항목별로 구분하고, ③ 실제 근무시간과의 차이가 없어야 유효합니다.

하지만 김 대표처럼 단순히 "월급 안에 다 들어 있다"라는 말만으로는, 명확한 근로조건을 확인할 수 없기 때문에 노동청은 "야간수당 누락으로 임금체불"이라고 판단합니다. 특히 편의점처럼 야간근로가 일상화된 업종은 포괄임금제가 더 위험합니다. 근로감독관이 가장 먼저 보는 것도 바로 "야간수당은 별도로 정산됐는가?"입니다.

포괄임금제는 '다 포함됐다'는 말이 아니라, '다 명시됐다'는 계약이 있어야 유효합니다.

3. 주 15시간 미만이면 수당 안 줘도 된다던데요?

아마 김 대표님이 생각한 논리는 이럴 겁니다.

"주 15시간 미만이면 주휴수당 안 준다고 했으니, 가산수당도 안 줘도 되겠지?"

법정수당을 어떻게 지급해야 하는지 궁금하시다면, 우선 우리 사업장이 5인 이상인지부터 확인해야 합니다. 법정수당을 규정한 「근로기준법」 제56조는 상시 근로자 5인 이상 사업장부터 적용되기 때문입니다. 여기서 '상시 근로자 수'는 단순히 정규직 직원만 세는 것이 아니라, 주 15시간 미만 근로자까지 모두 포함해야 합니다. 우리 사업장에 5인 이상의 직원이 근무하는 것으로 확인됐다면, 주 15시간 미만 근로자라 하더라도 야간수당은 지급해야 합니다.

예를 들어, 편의점 알바생이 시급 10,030원으로 일하는데, 화·목·토요일에 밤 10시부터 새벽 2시까지 주 12시간만 근무하는 경우 1일 급여는 얼마일까요?

1일 4시간은 모두 야간근로이므로 1일 급여는 10,030원 × 4시간 × 1.5배 = 60,180원으로 계산해 지급해야 합니다. 만약 가산해서 지급하지 않은 경우, 나중에 근로자가 노동청에 진정을 넣었을 때 체불임금으로 적발되고, 소급 지급 + 지연이자 + 과태료까지 이어질 수 있습니다.

특히 최근에는 단기 아르바이트 근로자의 권리보호가 강화되고 있는 추세라 "주 15시간 미만이니까 괜찮다"라는 생각은 매우 위험합니다. 5인 이상 사업장이라면, 주 15시간 미만 근로자라도 야간수당을 반드시 지급해야 합니다.

> 세무사 솔루션

1. 연장·야간·휴일근로수당의 비과세 요건

근로자가 받는 급여 중 '연장근로, 야간근로, 휴일근로에 대한 수당'은 아래 조건을 충족하면 연 240만 원 한도 내에서 비과세가 가능합니다.

항목	요건
대상 근로자	비과세는 '비과세 적용 대상'에 한정됨 (「소득세법」상 비과세 대상자) 일반적으로는 생산직 근로자 등 일부에 한정
요건	월정액급여 210만 원 이하 & 직전과세기간의 총급여액이 3천만 원 이하인 근로자
수당 성격	실제 법정 근로시간 외 근로에 대해 계산된 수당일 것
지급 방식	기본급에 포함되면 비과세 불가. 반드시 별도 항목으로 분리해 지급해야 함
금액 한도	연 240만 원 한도 내에서 비과세, 초과분은 과세소득

「소득세법」상 생산직 근로자 등 일정 요건을 충족하는 근로자에게 지급한 연장·야간·휴일근로수당은 연 240만 원까지 비과세 혜택이 부여됩니다. 다만 이 비과세 혜택을 받기 위해서는 반드시 실제 근로시간에 근거해 계산된 수당이어야 하고, 급여 항목에서 기본급과 명확

히 구분해 지급되어야 합니다. 김 대표님처럼 급여 안에 통합해 지급하면 이 비과세 요건을 충족하지 못하게 되어, 해당 수당 전액이 과세소득으로 간주됩니다. 이 경우 소득세는 물론, 4대보험료도 추가 산정되어 부담이 커질 수 있습니다.

결론적으로, '급여에 포함했다'는 말은 노동법과 세법 어느 곳에서도 인정되지 않습니다. 특히 연장·야간·휴일근로수당은 정확한 산정, 명확한 분리, 적법한 지급이 이뤄져야만 법적 의무와 세무 혜택을 동시에 챙길 수 있습니다.

2. 야간·휴일근로 수당의 일반업종 함정

야간근로가 일상적으로 발생하는 업종에서는, '야간수당' 지급이 단순한 선택이 아닌 법적 의무입니다. 특히 간호사, 편의점 직원, 보안요원, 콜센터 상담사, 생산직 교대근무자 등은 업무 특성상 밤 10시부터 다음 날 새벽 6시 사이의 야간시간에 근무하는 경우가 많습니다. 이처럼 야간근무가 '업무의 일부'인 업종일수록, 야간수당을 정확하게 계산하고 급여 항목에서 명확히 구분하여 지급하는 것이 반드시 필요합니다.

그러나 현실에서는 "월급에 다 포함돼 있다"거나, "원래 그 시간에 일하는 업종이니까 따로 안 줘도 된다"라는 잘못된 인식으로 인해 야간수당을 별도로 산정하지 않거나 급여에 포함시켜 통합 지급하는 사례가 많습니다.

우선 「소득세법 시행령」 제17조는 일정 요건을 갖춘 생산직 근로자 등에게 지급되는 연장·야간·휴일근로수당에 대해 연간 240만 원까지 비과세 혜택을 허용하고 있습니다.

그러나 이 비과세 혜택을 받기 위해서는, 월정액급여 210만 원 이하 기준 및 직전 과세기간의 총급여액 3천만 원 이하 기준에 부합한 기본급과 실제 근로시간에 기초하여 계산된 수당이 명확히 구분되어 지급되어야 합니다. 급여명세서상 별도 항목 없이 통합된 형태로 지급하면, 세법상 요건을 충족하지 못해 전액 과세소득으로 간주되며, 이는 근로자 입장에서도 소득세 및 건강보험료 부담이 커지게 되는 결과로 이어집니다.

이러한 리스크는 단순한 '야간수당 지급'의 문제가 아니라, 급여체계의 투명성, 법적 기준의 충족, 그리고 세무전략의 기초 설계 문제입니다. 야간수당이 일상적인 업종이라면 더욱 명확한 기준과 기록, 계산, 구분이 필요하며, 이를 관리하지 않는 것은 단기적으로 비용을 아끼는 것이 아니라 장기적으로 노동분쟁과 세무조사라는 폭탄을 안고 가는 일이 될 수 있습니다. 이러한 관리가 갖춰져야만 근로자와의 신뢰도 유지되고, 세무적으로도 안정된 사업운영이 가능해집니다. "야간수당은 포함된 거라 따로 주지 않아도 된다"라는 잘못된 생각은 이제 버려야 합니다. 정당한 수당은 정당하게 지급하고, 제대로 기록해야 보호도 받을 수 있습니다.

따라서 야간근로가 일상이면, 야간수당도 전략적으로 관리해야 합니다.

노세부부의 쏠쏠한 정리

- 연장·야간·휴일수당은 "월급에 다 포함됐다"라는 말만으로는 인정되지 않아요.
- 5인 이상 사업장이라면 주 15시간 미만 아르바이트생도 가산수당 지급해야 해요.
- 급여명세서에서 항목을 나눠 지급해야 세무상 불이익도 피할 수 있습니다.
- 정당한 수당을 정확히 계산해 기록해 두는 것이 대표님과 직원 모두를 지켜주는 가장 확실한 방법이에요.

02 식대, 자차보조비…
무조건 비과세되는 줄 알았죠?
비과세 항목과 활용전략

"비과세로 지급했는데,
세무조사에서 다 뒤집혔어요!"

제조업체를 운영하는 송미정 대표님(47세)은 회사에 구내식당이 있고, 업무용 차량을 소유하고 있었습니다. 직원들 급여항목은 식대 20만 원과 자가운전보조비 20만 원을 지급했고, 비과세로 처리했습니다.

그런데 최근 세무조사에서 해당 항목들이 "비과세 요건을 충족하지 않았다"라며 소득세와 4대보험료를 소급 추징당했습니다.

송 대표는 억울했습니다.

"비과세로 지급한 것이 뭐가 문제였던 거죠? 식대, 차비 등도 직원 복지를 위해 썼는데 억울하네요!"

노무사 솔루션

1. 비과세는 대표님의 선택이 아니라 자격제입니다

　급여설계를 하다 보면 비과세 항목을 모든 직원에게 넣어 달라고 요구하는 경우가 종종 있습니다. 비과세 항목은 각 직원별로 명확한 요건을 충족해야만 인정됩니다.

　예를 들어 식대 항목은 월 20만 원 한도로 비과세가 적용됩니다. 그러나 구내식당이 있는 사업장은 제외됩니다. 회사에서 이미 식사를 제공하고 있기 때문입니다. 자가운전보조비 역시 직원명의의 차량이 있고, 실제 업무에 차량을 사용하여 운행기록이 있어야 비과세가 적용됩니다. 비과세 항목은 요건을 충족하지 못하면 인정되지 않습니다. 요건이 충족되지 않은 경우 국세청은 단순한 복리후생비가 아닌 과세 대상 급여로 간주합니다. 과세 대상인 급여 항목으로 처리되면 소득세와 4대보험이 모두 다시 계산되어 소급 추징됩니다.

　따라서 급여에 비과세 항목을 넣을 때는 직원별로 각각 요건에 해당되는지를 반드시 먼저 확인해야 합니다.

2. 비과세와 통상임금

　비과세인지 과세인지는 「소득세법」상으로 구분합니다. 반면, 통상임금인지 여부는 '소정근로의 대가로서 직원에게 정기적으로 일률적으로 지급하는지'로 판단합니다. 과세 대상인 직급수당이 월급에 고정되어 지급되면 통상임금에 당연히 포함되듯이, 비과세인 식대나 자가운전보조비 항목이 '월급에 고정되어 지급'되면, 노동법상 통상임금에 해당합니다.

통상임금은 여러 법정수당을 산정할 때 기준이 되는 임금을 말합니다. 직원이 연장·야간근로를 했을 경우 회사는 통상시급을 기준으로 계산하여 수당을 지급합니다. 따라서 통상시급을 잘못 계산함으로 인해 미지급 수당이 발생했다면, 이는 임금체불에 해당하게 됩니다.

비과세 항목도 통상임금에 포함됩니다. 통상임금은 인건비에 큰 영향을 주기 때문에 명확하게 계산되어야 합니다.

3. 비과세와 최저임금

「최저임금법」 제6조에 따라 모든 사업장은 최저임금 이상으로 급여를 지급해야 합니다. 문제는 월급제 근로자의 경우 최저임금을 어디까지 포함시켜 계산해야 하는지입니다.

월급을 구성하는 임금항목은 여러 가지가 있을 수 있습니다. 비과세 항목인 식대, 자가운전보조비도 최저임금에 포함될까요?

「근로기준법」상의 임금에 해당하여 매월 1회 이상 지급되는 임금이 최저임금에 산입됩니다. 다만, 통화 외에 현물로 지급하거나 연장·야간·휴일가산수당, 연차유급휴가 미사용수당 등은 최저임금에 산입되지 않습니다.

또한 2024년부터는 매월 지급하는 식대, 숙박비, 교통비 등 복리후생비 전액이 최저임금에 산입됩니다.

최저임금 미산입비율

구분	2019년	2020년	2021년	2022년	2023년	2024년~
정기 상여금	25%	20%	15%	10%	5%	0%
현금성 복리 후생비	7%	5%	3%	2%	1%	0%

2021년 「최저임금법 시행령」이 개정된 이후로 매년 최저임금에 산입되는 범위가 변경되어 왔고, 2024년부터는 제외되는 범위가 0%가 되어, 전액 포함됩니다.

> 세무사 솔루션

1. 대표적인 비과세 항목을 알아봅시다

우리가 흔히 '복지 수당'이라고 부르는 여러 항목 중 일부는 세법상 '비과세 소득'으로 인정되며, 소득세와 4대보험 모두에서 제외될 수 있습니다. 대표적인 항목은 다음과 같습니다.

① 식대: 회사가 사내식당을 운영하지 않고, 직원이 외부에서 식사를 해야 하는 경우, 월 20만 원까지 비과세 처리할 수 있습니다. 하지만 송 대표님처럼 사내식당이 운영되고 있다면, 식사는 이미

제공되고 있다고 보아 별도로 지급한 식대는 전액 과세 대상이 됩니다.
② 자가운전보조비: 직원이 자신의 명의로 된 차량을 업무용으로 사용하는 경우, 월 20만 원 한도로 비과세 인정이 가능합니다. 여기에는 단순히 지급만 하는 것이 아니라, 차량등록증, 운행일지 등의 객관적 증빙이 필요하며, 차량이 실제로 업무에 사용되었는지가 중요합니다. 만약 법인 차량을 사용했다면, 자가운전보조비는 인정되지 않습니다.
③ 육아수당, 보육수당: 만 6세 이하 자녀를 둔 직원에게 월 20만 원까지 지급할 수 있으나, 전 직원에게 일률적으로 지급되어야 하며, 특정인만 선별적으로 지급하면 비과세 인정이 어렵습니다.
④ 연구보조비, 취재수당: 업무와 직접 관련된 실비 변상적 수당으로, 관련 부서 직원에게만 지급되며, 실제 비용보전의 성격을 갖추어야만 비과세로 인정됩니다.

비과세 항목은 기업 입장에서 직원의 실수령액을 높여주면서도 세금과 보험료 부담을 줄일 수 있는 훌륭한 수단입니다. 그러나 이 모든 항목에는 금액 제한, 지급 조건, 증빙 요건이 정해져 있으며, 이를 지키지 않으면 과세소득으로 다시 전환됩니다.

2. 비과세 요건 미충족 시 발생하는 위험

비과세 항목이 요건을 갖추지 못하면 어떤 일이 생길까요?

송 대표님처럼 세무조사를 받게 되어 요건 미충족 사실이 적발되면 해당 수당은 비과세로 인정되지 않고, 전액 근로소득으로 간주됩니다. 이에 따라 누락된 소득세와 4대보험료를 모두 다시 납부해야 하며, 추가로 가산세까지 부과됩니다.

예를 들어, 법인에서 직원 10명에게 식대 20만 원, 자가운전보조비 20만 원씩 총 40만 원을 매월 비과세 항목으로 지급했다고 가정해 보겠습니다. 이 수당이 1년간 지급되었다면 10명 × 40만 원 × 12개월 = 4,800만 원이 됩니다. 이 금액이 요건미비 등으로 과세대상 소득으로 전환되면, 법인부담 4대보험료, 원천징수 누락세액, 가산세, 법인세 손금부인에 따른 법인세까지 포함해 수백만 원에 이르는 금액이 추가부담 될 수 있습니다. 게다가 근로소득 지급명세서 불일치로 인해 연말정산 오류나 소득세 경정청구 부인 등 근로자에게 불이익을 초래할 수 있다는 점도 유의해야 합니다.

3. 비과세 지급 전 확인해야 할 체크리스트

그렇다면 어떻게 해야 할까요? 비과세는 '요건을 지킨 복지'일 때만 절세가 됩니다. 세무조사에 대비하기 위해서는 비과세 항목을 선정할 때부터 '지급 목적'과 '요건 충족 여부'를 꼼꼼히 검토해야 합니다. 직원복지를 위한 대표님의 마음이 오히려 세무 리스크로 돌아오지 않기 위해서는 다음과 같은 실무 전략이 필요합니다.

① 사내식당이 있으면 식대 비과세는 불가합니다. 회사에서 식사를 제공했는지가 핵심이므로 도시락 제공도 포함됩니다.
② 자가운전보조비는 차량 소유 증빙(등록증), 운행기록부, 사용기준 등 자료 보관 필수입니다.
③ 비과세 항목은 급여명세서에 별도로 구분 기재하고, 일률성과 객관성이 있어야 합니다.
④ 추후 소명해야 할 경우를 대비하여 지급 대상과 사유, 근거를 내부 문서로 남겨야 합니다.
⑤ 의심되는 항목이 있다면 직원에게 지급하기 전에 세무전문가와 상담해야 합니다.

송 대표님처럼, '직원을 위한 좋은 의도'가 오히려 비용 부인, 세금 추징, 가산세 부과, 나아가서는 근로자의 불신의 결과로 돌아오지 않도록 대비해야 합니다.

노세부부의 쏠쏠한 정리

- 비과세 수당은 직원에게는 복지, 회사에는 절세가 될 수 있는 좋은 방법이지만, 조건을 지켜야만 안전합니다.
- 비과세라도 통상임금·최저임금 계산에는 들어갈 수 있어 잘못 처리하면 임금 체불이나 세금 문제로 이어질 수 있습니다.
- 결국, 비과세는 요건을 먼저 확인하는 것이 안전한 길이에요.

03 인건비 현금으로 다 줬다고요?

인건비의 세무처리 요건

"신고는 210만 원만 하고,
나머지는 현금으로 드리면 어때요?"

"김 디자이너님, 월급은 300만 원 드릴게요. 대신 4대보험은 210만 원만 신고하고, 나머지 90만 원은 현금으로 드리면 어때요?"

서울에서 디자인 스튜디오를 운영하는 박성호 대표(42세)는 이렇게 직원과 합의했습니다. 매달 통장 210만 원, 현금 90만 원으로 지급하니 서로 윈윈(win-win)이라 생각했죠.

그런데 1년 뒤 김 디자이너가 퇴사하며 퇴직금을 요구하자 문제가 터졌습니다. 박 대표는 신고된 210만 원 기준으로 계산해 주려 했지만, 김 디자이너는 단호했습니다.

"대표님, 제가 받은 건 매달 300만 원이잖아요. 퇴직금도 그 기준으로 주세요."

박 대표는 순간 머리가 복잡해졌습니다. 현금으로 주던 급여, 이제 어떻게 해야 할까요?

> 노무사 솔루션

1. 퇴직금은 실지급액 기준입니다

「근로자퇴직급여 보장법」 제2조제4호에서 퇴직금 산정의 기준이 되는 "평균임금"은 "근로자에게 실제로 지급된 임금 총액을 기준으로 한다"라고 명시되어 있습니다.

실제 지급한 현금이라도 그것이 근로의 대가로 계속적·정기적으로 지급된 것이라면, 그 수단이 현금이든 계좌이체든 관계없이 전부 포함되어야 합니다.

대법원도 "급여 중 일부가 계좌이체 외 현금으로 지급된 경우라도, 지속적·정기적으로 지급되었다면 임금으로 보아야 하며, 퇴직금 산정에 포함된다."라고 판결을 내린 바 있습니다(대법원 2012다69845 판결).

따라서 위 사례에서 김 디자이너의 퇴직금은 신고된 210만 원을 기준으로 계산하는 것이 아니라 300만 원을 기준으로 계산되어야 합니다.

2. 4대보험 적게 신고하면 보험 혜택도 줄어듭니다

김 디자이너처럼 실제 급여보다 적게 신고된 경우, 대표님 입장에서는 4대보험료가 줄었다고 생각할 수 있습니다. 근로자도 4대보험을 적게 냈다고 이득이라 생각할 수도 있겠죠. 하지만 근로자 입장에서는 보험 급여가 줄어드는 면도 고려해야 합니다.

김 디자이너가 퇴사 후 실업급여를 받아야 한다면 어떨까요? 신고된 210만 원을 기준으로 수급될 것입니다. 혹시 근무 중에 산재사고가 발생한 경우에도 신고된 210만 원을 기준으로 급여가 책정될 것입니다. 또 김 디자이너가 출산휴가(또는 배우자출산휴가) 등의 급여를 받게 될 때도 신고된 210만 원을 기준으로 책정될 것입니다.

이때 김 디자이너가 이의를 제기하는 경우, 대표님이 "직원과 합의했으니 문제없다"라고 주장해도 공단에서 인정되지 않습니다.

또한 4대보험료가 누락된 사실이 적발된다면 '가산세 + 소급납부 + 근로감독'으로 이어질 가능성도 있습니다.

3. 과태료까지 생각해야 합니다

직원에 대한 4대보험(국민연금, 건강보험, 고용보험, 산재보험)가입은 모든 사업주에게 부과된 법적 의무입니다. 따라서 사업주는 반드시 근로자마다 실제 소득 기준으로 신고해야 합니다.

4대보험을 과소신고 하면 근로자와 사업주 모두 보험료를 적게 내서 좋을 것 같지만, 앞서 말씀드린 대로 근로자는 퇴직, 실업, 산업재해에 대해서 제대로 보호받지 못하게 됩니다. 이를 방지하지 위해서 4대보험 과소신고 또는 미가입 시에는 과태료·벌금이 부과됩니다.

구분	1차 적발	2차 적발	3차 적발
국민연금 (50만 원 이하)	17만 원	33만 원	50만 원
건강보험 (500만 원 이하)	150만 원	300만 원	500만 원
고용보험 (근로자 1명당 300만 원 이하)	100만 원 (근로자 미신고: 3만 원, 거짓신고 5만 원)	200만 원 (근로자 미신고: 3만 원, 거짓신고 8만 원)	300만 원 (근로자 미신고: 3만 원, 거짓신고 10만 원)
산재보험 (300만 원 이하)	100만 원 가입하지 않은 기간 동안 발생한 사고로 보험금이 지급 되었다면 지급 보험금의 50%를 대표자가 부담	200만 원	300만 원

세무사 솔루션

1. 돈을 줬어도 세법상 비용으로 인정 못 받습니다

대부분의 대표님들은 근로자에게 급여를 지급하면 당연히 비용으로 처리할 수 있다고 생각합니다. 그러나 실무에서는 그렇지 않습니다. '지급했다'는 사실만으로 비용 인정이 되는 것이 아니라, '지급했다는 증빙'과 '신고'가 있어야 세법상 비용으로 인정됩니다. 인건비가 손금으로 인정되기 위해서는 통장 입금, 급여대장 기재, 근로계약서, 원천세 신고 등의 요건을 모두 충족해야 합니다.

하지만 박 대표님은 급여 300만 원 중 210만 원만 신고하고, 나머지 90만 원은 '현금'으로 지급했습니다. 이 경우 90만 원은 위의 요건을 충족하지 않기 때문에 세법상 '없는 인건비'로 간주됩니다. 결국 해당 금액은 지출은 했으나 경비로 인정받지 못하기 때문에 세금이 증가하게 됩니다.

박 대표님은 월 90만 원씩 현금으로 지급하였으니, 1년간 지급했다면 총 1,080만 원의 비용이 부인됩니다. 이 금액이 그대로 과세표준에 포함되므로, 세금은 수백만 원이 증가될 수밖에 없습니다. 지급한 돈은 나갔지만 세금 계산에는 도움이 되지 않는 이중 손해인 셈입니다.

2. 원천징수하지 않으면 가산세가 부과되며, 상습일 경우 세무조사 대상이 될 수 있습니다

박 대표님이 현금으로 지급한 90만 원은 분명한 '근로소득'입니다. 그런데도 이를 근로소득으로 원천징수하지 않고, 지급명세서에도 반영하지 않았기 때문에 이는 명백한 원천세 탈루로 간주됩니다. 「소득세법」 제127조는 원천징수의무를 사업주에게 부여하고 있으며, 같은 법 제164조에 따라 지급명세서 제출도 사업주의 의무입니다.

이러한 의무불이행은 가산세로 이어지며, 상습적일 경우 과세관청에서 납세자를 불신하는 계기가 될 수 있습니다. 예를 들어, 연간 1,080만 원의 인건비가 누락되었다면, 약 100만 원가량의 원천세가 발생했을 것이고, 여기에 수십만 원의 가산세가 붙습니다. 여기에 더해 지급명세서를 제출하지 않거나 누락할 경우 가산세도 별도로 부과됩니다.

또한 원천세는 다른 세목(부가세, 법인·소득세 등)과 연결될 가능성이 높습니다. 따라서 원천세 누락이 반복되거나 금액이 크면 정기조사 외에도 수시 세무조사 대상이 될 수 있어 각별히 주의해야 합니다.

3. 숨긴 인건비는 세액공제도 못 받습니다

정부는 기업의 고용을 유도하고 근로환경 개선을 위해 다양한 세제 혜택을 제공합니다. 통합고용세액공제, R&D 세액공제 등은 대표적인 제도입니다. 이들 제도의 공통점은 바로 '신고된 인건비'를 기준으로 혜택을 준다는 점입니다.

박 대표님의 경우, 직원에게 실제로 300만 원을 지급했지만, 210만 원만 신고했기 때문에 나머지 90만 원은 어떠한 제도에서도 인건비로 인정받지 못합니다. 즉, 인건비가 많아도 세액공제는 줄어들어 불이익을 받을 수 있습니다.

나아가, 이렇게 왜곡된 인건비는 재무제표에 반영되어 업종 평균 대비 비정상적인 수치로 보이게 됩니다. 이로 인해 세무서나 노동청의 관심을 끌게 되는 부작용도 발생합니다.

결국 현금으로 지급된 인건비는 세금상 '비용'으로도 인정받지 못하고, 제도상 '혜택'도 못 받고, 외부에는 '리스크'로 작용합니다.

노세부부의 쏠쏠한 정리

- 급여를 일부만 신고하고 나머지를 현금으로 주면, 처음엔 세금과 보험료가 줄어든 것처럼 보여요. 하지만 퇴사할 때나 사고가 생기면 오히려 불리할 수 있습니다.
- 세무상으로도 현금 지급분은 비용으로 인정받기 어렵고, 가산세 부과에 공제 혜택도 사라지기 때문에 여러 불이익이 발생할 수 있어요.
- 급여는 처음부터 투명하게 신고하는 것이 분쟁도 막고 혜택도 챙기는 가장 안전한 길입니다.

04 성과급,
잘 주면 절세, 잘못 주면 세무조사
성과급의 임금성과 성과공유세액공제

"성과급은 그냥 현금으로 주면
되는 줄 알았죠…."

  소규모 인테리어 회사를 운영하는 김민정 대표님(42세)은 최근 프로젝트가 크게 성공하자, 감사한 마음으로 직원 5명에게 각 200만 원씩 '보너스'를 주기로 했습니다. 마침 명절도 다가오니, 직접 현금을 건네며 "명절 보너스야!" 하고 넘겼습니다. 장부에는 대충 '직원 격려비'라고만 적어 두었죠.
  하지만 며칠 뒤, 세무사에게서 연락이 왔습니다. "대표님, 이거 급여로 처리 안 하면 세무조사 때 비용 부인될 수 있어요."
  김 대표는 장부를 바라보다가 잠시 멍해졌습니다.
  "직원들 고생한 게 고마워서 준 건데… 혹시 내가 더 큰 문제를 만든 건 아닐까?"

> **노무사 솔루션**

1. 보너스? 명칭보다 중요한 건 '어떻게 주는가'입니다

"상여금이든 성과급이든 그냥 보너스지, 뭐." 이렇게 생각하신 적 있으신가요? 상여금이나 성과급을 지급할 때에는 정확한 '명칭'보다 '어떤 기준·시기·방식으로 지급하느냐'가 중요합니다. 그에 따라 세금, 4대보험, 퇴직금까지 모두 좌우되기 때문입니다.

일반적으로 상여금은 명절·분기·연말 등 정해진 시기와 금액으로 반복 지급되는 경우가 많습니다. 예컨대 '명절에 100만 원 지급', '매 분기 기본급의 50% 지급'처럼 지급시기와 금액이 정해져 있고, 보통 모든 직원에게 일괄 지급됩니다. 이런 경우엔 '근로의 대가'로 반복 지급된 것이므로, 임금에 해당합니다. 반면 성과급은 말 그대로 '성과'에 따라 지급이 달라지는 보상입니다. 임금이 아니라고 단정할 수 없고, 누구에게, 어떤 기준으로, 얼마나 자주 지급되었는지에 따라 임금성이 달라집니다. 성과급도 다시 개인성과급과 경영성과급으로 나눌 수 있습니다.

① 개인성과급: 개인의 실적에 따라 선별적으로 지급하는 보상입니다. 지급대상과 금액이 매번 달라지기 때문에, 단발성 지급이라면 임금이 아닐 수도 있습니다. 하지만 지급기준이 명확하고 매년 반복되어 직원입장에서 지급받는 것을 예측할 수 있었다면 임금으로 인정될 수 있습니다.

② 경영성과급: 회사 전체 실적이 일정 기준을 넘었을 때 직원에게 지급하는 보상입니다. 일반적으로 경영진 판단에 따라 한시적·부정기적·임의적으로 지급되는 경우가 많습니다. 경영성과급은 회사의 경영상황 등 외적 요인에 좌우되고, 근로제공 연관성이 직접적이지 않은 경우 임금으로 인정되지 않을 수 있습니다. 다만, 최근 하급심 판례에서는 지급방식이나 관행 등을 기준으로 근로의 대가로 보아 임금성을 인정하는 경우도 있었습니다.

중요한 점은 '성과급'이라는 이름만으로는 아무것도 판단할 수 없다는 것입니다. 지급방식·반복성·대상 기준을 명확하게 해야 불필요한 세금·4대보험 부담을 막을 수 있습니다.

2. 성과급도 통상임금에 포함될까?

일반적인 성과급은 변동적으로 지급합니다. 또한 근로자의 실적이나 평가 결과에 따라 지급 여부와 금액이 달라지기 때문에 '일정한 근로의 대가'로 보기 어려워 '통상임금'에 포함되지 않습니다.

하지만 예외가 있습니다. 변동적으로 지급되는 것이 아닌 정기적, 일률적으로 지급되는 것이라면 통상임금에 포함될 수 있습니다. 또 성과급 중에는 최소한도가 보장되어 있는 성과급도 있습니다. 근로자가 어떤 평가를 받아도 최소 보장되는 금액이 있다면 그 부분은 '소정근로의 대가성'이 인정되어 통상임금에 포함될 수 있습니다.

2024년 12월 대법원판례에 대해서 '고정성'을 폐기하며 통상임금에 대한 판단 기준을 새롭게 정립했습니다(대법 2024.12.19., 2020다247190; 대법 2024.12.19., 2023다302838). 그동안은 어떤 임금 항목에 '재직 중일 때만 지급한다', '15일 이상 근무한 경우에만 지급된다'는 조건이 붙으면, 고정성이 없다고 보아 통상임금에서 제외했습니다. 그러나 이제 대법원은 "고정성은 더 이상 통상임금 판단의 기준이 아니다"라고 하여 기준을 변경했습니다. 예를 들어 '상여금(또는 성과급)은 지급일 현재 재직자에게만 준다'는 조건이 붙어 있어도, 그것이 매년 반복적으로, 전 직원에게 일정하게 지급되는 구조였다면 통상임금으로 인정되는 것입니다. 또 상여금(또는 성과급)에 붙은 그 조건이 정해진 출근일(소정근로일수) 안에서 충분히 충족 가능한 조건이라면, 즉 근로자가 평소처럼 근무하면 충분히 받을 수 있는 구조라면, 이는 소정근로의 대가로 인정되므로 통상임금에 해당됩니다.

3. 퇴직금에도 반영해야 할까요?

퇴직금은 '평균임금(퇴직 전 3개월간 지급한 임금을 근로일수로 나눈 금액)'을 기준으로 계산합니다. 여기에는 모든 급여가 자동으로 포함되는 것이 아니고, 정기적·일률적으로 지급되는 임금만 반영됩니다. 예를 들어, 매년 명절·연말에 모든 직원에게 동일하게 지급되는 상여금은 포함됩니다.

반대로, 경영실적이나 개인·부서 평가 결과에 따라 비정기·차등 지급되는 성과급은 원칙적으로 포함되지 않습니다. 하지만 '성과급'이라

불리더라도 매년 정해진 기준과 금액으로 전 직원에게 반복 지급되어 왔다면, 사실상 상여금으로 간주되어 퇴직금에 포함될 수 있습니다.

경영성과급의 임금성 여부는 2018년 공공기관 경영성과급 대법원 판결(임금성 인정)을 기점으로 본격적으로 논의되어, 이후 사기업 사례까지 확산되었습니다. 현재도 경영성과급 관련 하급심 사건들이 다수 계류 중이어서, 향후 대법원의 판단 변화 가능성에 대비할 필요가 있습니다.

결국, 성과급이 통상임금이나 퇴직금에 포함되는지는 명칭이 아니라 근로계약·취업규칙·실제 지급 관행·판례 해석에 따라 달라집니다. 관리되지 않은 성과급 제도는 기업의 잠재적 리스크가 될 수 있습니다.

세무사 솔루션

1. 현금지급 상여 이제는 그만

김민정 대표는 인테리어 디자인 회사를 운영하며 최근 사업이 호조를 보이자 직원 5명에게 각 200만 원씩 성과급을 주기로 했습니다. 명절도 다가오고, 수고한 직원들에게 감사한 마음을 표현하고 싶었던 겁니다. 다만 회계팀과 상의할 시간도 부족해 급한 마음에 현금으로 직접 지급하고, 장부에는 '직원 격려비'로만 기록해 두었습니다. 회계처리나 세금문제는 크게 고민하지 않았습니다.

하지만 이런 방식은 큰 세무리스크로 이어질 수 있습니다. 「소득세법」상으로도 근로소득세의 원천징수 대상입니다. 따라서 현금으로 지급하더라도 반드시 급여명세서 작성, 통장입금, 소득세 원천징수가 수반되어야 합니다. 더구나 4대보험 기준보수에도 반영되어야 하므로, 이 과정이 누락되면 세무조사 시 급여누락으로 간주되어 가산세는 물론 비용 자체가 부인될 수 있습니다. 근로자 입장에서도 추후 퇴직금 산정 시 성과급이 누락되면 분쟁이 생길 수 있습니다.

세무사 입장에서 가장 우려되는 건 '현금지급 + 증빙 없음' 조합입니다. 이는 국세청에서 사적 유용이나 대표자 가지급금으로 오인할 수 있는 대표적 위험요소입니다.

따라서 대표자의 감사한 마음을 올바르게 전달하기 위해서는 성과급은 급여로 보고 정식 절차에 따라 지급해야 합니다. 지급대장, 계좌이체, 원천징수 신고까지 일관되게 남겨야 추후에도 문제없이 비용처리가 가능하며, 회사와 직원 모두에게 득이 됩니다.

2. 어설픈 복리후생비 처리도 그만

"성과급을 '복리후생비'로 포장하면 절세가 아니라 역효과가 납니다."

성과급을 급여로 처리하면 4대보험이 증가하거나 법인세가 늘어난다고 걱정한 김 대표님은 회계팀과 논의 끝에 이런 제안을 받습니다. "그냥 직원 격려 명목으로 복리후생비 처리하면 어때요? 비용 처리되고 세금도 줄죠." 실제로 많은 중소기업들이 성과급을 '복리후생비'나 '접대비'로 우회 처리하는 사례가 있습니다. 하지만 이는 세법상 큰 오류입니다. 복리후생비란, 전 직원 공통, 정기적·소액, 업무 관련성이 있어야만 비용 인정이 되는 항목입니다. 예를 들면, 명절선물, 회식비, 생일케이크 등입니다.

반면, 성과급은 보통 개별 직원의 실적에 따라 차등 지급되고, 정기성이나 보편성도 없습니다. 그렇기 때문에 이를 복리후생비나 판촉비 등으로 처리하면 형식과 실질이 불일치하여 세무상 비용이 부인될 수 있습니다. 이뿐만 아니라, 향후 세무조사 시에는 고의적 세금 탈루로 판단되어 가산세까지 부과될 수 있습니다.

정답은 '정직한 회계'입니다. 성과급은 급여 항목으로 정식 기재하고, 복리후생비는 그 요건에 맞는 항목에만 사용하는 것이 회사를 지키는 길입니다. 성과급을 주려면 주더라도, 급여로서, 투명하게 지급해야 절세의 길도 함께 열립니다.

3. 성과공유세액공제

세무사, 노무사와 상담한 이후 김 대표님이 이번 금품을 프로젝트를 성공한 것에 대한 성과급으로 처리하겠다고 결정하자, 세무사는 한 가지 더 조언을 건넸습니다. "성과공유세액공제를 신청하면 성과급의 10%를 법인세에서 공제받을 수 있습니다." 생각지도 못한 절세 기회였습니다.

「중소기업 인력지원 특별법」 제27조의2제1항에 따른 중소기업이 「조세특례제한법」 제19조의 성과공유 중소기업의 경영성과급에 대한 세액공제에 따른 이 제도는 중소기업이 성과공유대상 근로자 1인당 연간 35만 원 이상의 정기성과금을 지급할 경우, 일정 요건을 충족하면 법인세 또는 소득세에서 10% 세액공제를 받을 수 있는 제도입니다. 그렇다면 어떤 요건이 있을까요?

① 지급 기준을 사전에 마련해야 합니다. '성과기준', '지급시기', '지급방법' 등을 포함한 '성과공유기준' 문서를 작성하고, ② 직원과의 합의를 거쳐 고용노동부에 신고해야 하며, ③ '직무성과급제' 도입 또는 성과공유 협약 체결 등 실질적 운영이 필요합니다.

김 대표님은 '디자인 프로젝트 수주 및 완성률' 기준으로 지급기준을 새로 만들고, 이를 직원들과 공유한 뒤 서면 동의를 받아 노동부에 제출했습니다. 그 결과, 총 1억 원의 성과급에 대해 10%인 1,000만 원의 법인세 세액공제를 받을 수 있게 되었습니다.

이 제도는 단순히 세금 절감만이 아니라, 성과에 따라 보상하는 구조를 정착시키는 기업문화 개선 도구로도 유용합니다. 무엇보다 직원 입장에서도 '공정한 기준에 따른 보상'이라는 신뢰가 생기고, 기업 입장에서는 세제 혜택까지 챙길 수 있는 윈윈 전략입니다.

성과공유대상 직원들 중 임원이나 주주가 아니고, 정규직이면서 총 급여가 7,000만 원이 넘지 않는 직원들에 한해서는 수령한 성과급에 대한 소득세도 50%나 감면을 받기 때문에 실질소득이 늘어나는 효과와 더불어 장기근속의 원동력이 될 수 있습니다.

[조특] 성과공유 중소기업의 경영성과급에 대한 세액공제가 적용 가능한지 여부
[조특, 서면-2020-법령해석법인-1920 [법령해석과-4116], 2020. 12. 14.]

【답변사항】
조특법상 요건을 충족하는 경우에는 성과공유기업 확인서를 발급받지 아니하였더라도 해당 세액공제 대상에 해당함.

【답변요지】
「중소기업 인력지원 특별법」 제27조의2제1항에 따른 중소기업이 「조세특례제한법」 제19조의 성과공유 중소기업의 경영성과급에 대한 세액공제를 적용함에 있어 같은 조 제1항 및 같은 법 시행령 제17조에서 규정하는 요건을 충족하는 경우에는 성과공유기업 확인서를 발급받지 아니하였더라도 해당 세액공제 대상에 해당하는 것임.

노세부부의 쏠쏠한 정리

- 성과급은 이름보다 어떻게 주느냐가 더 중요해요.
- 현금으로 주거나 복리후생비로 돌리면 나중에 비용이 부인되거나 가산세를 맞을 위험이 있어요.
- 반대로, 정식 절차를 지키고 성과공유세액공제를 활용하면 세금도 줄이고 직원들과 신뢰도 쌓을 수 있습니다. 그래서 제도 설계와 운영은 꼭 노무사·세무사와 함께 상의하는 것이 안전합니다.

4장

직원 퇴직금은 대표님이 챙기고, 대표님 퇴직금은 노세부부가 챙기고!

- 대표자의 퇴직금,
미리 준비 안 하면 못 받습니다

01 직원 퇴직금 모두 챙겨 주고 나면, 대표님은요?
대표자 퇴직금 VS 근로자 퇴직금

"저도 퇴직하면
퇴직금 받을 수 있는 건가요?"

건축자재 도매업을 법인으로 15년째 운영 중인 이준영 대표님(55세)은 최근 회사를 자녀에게 승계하려는 계획을 세우고 있습니다. 그러던 중 회계사무실에 '대표자도 퇴직금을 받을 수 있다'는 이야기를 듣고 이 대표님은 놀랐습니다.

"퇴직금이요? 그건 직원들이나 받는 거 아니에요?"

이 대표님은 지금까지 직원들 퇴직금만 신경 썼지, 자신의 퇴직금은 생각해 본 적도 없었습니다. 게다가 법적으로 대표자의 퇴직금은 '정관'이라는 문서에 따라 받을 수도, 못 받을 수도 있다는 사실에 당황했습니다.

"정관을 한 번도 본 적 없는데, 과연 퇴직금을 받을 수 있을까요?"

노무사 솔루션

1. 근로자 퇴직금의 요건

이 대표님처럼 직원들 퇴직금에 신경을 많이 쓰는 회사도 있지만, 그렇지 않은 회사도 있습니다. 그렇다 보니 퇴사를 하는 과정에서 직원과 회사와의 '퇴직금' 분쟁이 참 많습니다. 근로자의 퇴직금은 「근로자퇴직급여 보장법」이라는 법률에 근거를 두고 있습니다. 이 법은 1인 이상 사업장의 모든 사용자에게 퇴직급여제도를 설정할 의무를 부여하고 있습니다.

근로자가 이 법에 따라 퇴직금을 받기 위해서는 다음의 법정 요건을 모두 충족해야 합니다.

- 사직, 해고, 계약만료 등으로 근로관계가 종료되었을 것
- 1년 이상 계속하여 근로했을 것
- 1주 15시간 이상 근무한 근로자일 것

퇴직금은 근로자가 퇴직하는 시점에 청구권이 발생합니다. 따라서 미리 지급할 수 없습니다. 퇴직금 지급은 퇴직 후 14일 이내 해야 하는 것이 원칙입니다. 또 아르바이트생, 계약직 근로자도 위의 요건에 해당한다면 퇴직금을 지급해야 합니다.

2. 대표자 퇴직의 법적 성격은 다릅니다

이 대표님은 근로자와 달리 「근로자퇴직급여 보장법」의 적용을 받지 않습니다. 당연히 법적으로 '근로자'가 아니기 때문입니다.

대표자의 퇴직금은 노동법이 아닌 상법과 세법의 규정에 따라 결정됩니다. 즉, 법인이라는 독립된 법적 주체가 대표자에게 '임원 보수'의 일환으로 퇴직금을 지급하는 구조입니다.

이 대표님의 경우 법인에서 이사회 의결을 통해 퇴직금 산정 기준을 정해두었다면, 회사로부터 적법하게 퇴직금을 수령할 수 있습니다. 하지만 이 기준이 없거나 제대로 설계되지 않았다면 이 대표님이 수령하는 퇴직금이 퇴직소득이 아닌 근로소득으로 인정되어 많은 세금이 발생할 수 있습니다.

3. 대표자 퇴직금에 대한 고용노동부의 시각

직원뿐 아니라 법인의 대표자도 퇴직금을 받을 수 있습니다. 고용노동부가 바라보는 법인대표자 퇴직금은 어떨까요? 고용노동부는 실질적으로 판단합니다. 직함만 대표이사, 감사이고 대표권이나 위임관계에 있는 것이 아니라 사실상의 대표자의 지휘·감독을 받으면서 임금을 받았다면 「근로기준법」상의 근로자로 볼 수 있다고 판단합니다. 그러나 일반적으로 경영자적 지위에서 스스로 회사를 운영하는 경우에는 근로자로 보지 않고, 퇴직금 지급 의무도 없다고 봅니다.

즉, 대표자의 퇴직금은 노동법이 아닌 상법(제388조 등)에 따라 회사의 정관과 주주총회 결의를 통해 지급합니다. 대표자의 퇴직금은 근로자 퇴직금과는 다른 영역이라고 할 수 있습니다. 이제 대표자 퇴직금은 어떻게 산정되고, 어떻게 처리하면 절세가 가능한지, 세무사님의 설명을 이어서 들어 보시죠.

세무사 솔루션

1. 사업자 형태에 따른 대표자의 퇴직금

먼저 구조적으로 개인사업자와 법인은 엄연히 다른 존재입니다. 개인사업자는 대표자 본인이 사업자이므로 자기 자신에게 고용관계가 성립할 수 없고, 퇴직금도 줄 수 없습니다. 반면 법인은 '대표이사'라는 직책을 가진 자연인이 법인이라는 법적 인격체에 고용된 형태로 보기 때문에, 보수와 퇴직금 지급이 가능해집니다.

하지만 여기서 주의할 점이 있습니다. 대표이사는 일반적으로 「근로기준법」상 '근로자'가 아니며, 상법상 '기관'입니다. 따라서 퇴직금이 발생한다고 해도, 그 방식은 근로자와 전혀 다릅니다. 따라서 대표자의 퇴직금은 다음과 같은 절차를 반드시 거쳐야 합니다.

- ✔ 정관 또는 퇴직급여규정에 명시
- ✔ 주주총회 결의
- ✔ 퇴직금 계산의 정당성(급여 내역, 근속연수, 배수 등)

만약 이러한 절차 없이 '다년간 고생했으니 퇴직금 몇억 원 정도는 받을 수 있겠지'라고 생각한다면, 세무상으로는 부당행위계산 부인 (「법인세법」 제52조)에 해당되어 전액 비용부인, 대표자에게는 소득세 과세가 이뤄질 수 있습니다.

2. 정관은 대표자 퇴직금의 필수요건

정관과 사규가 없으면 법적 효력도, 세무처리도 인정받을 수 없습니다.

대표이사의 퇴직금은 자동 발생하지 않으며, 정관 및 주주총회 결의 등 법적 근거가 선행되어야만 발생합니다. 정관에 퇴직금 조항이 없는데 임의로 지급한다면, 이는 잘못된 처리가 됩니다.

대표이사가 특수관계 법인의 임원을 겸직하는 경우에도 퇴직금을 수령할 수 있으나, 각 법인의 퇴직급여지급규정에 따라 계산한 금액 범위에서만 손금산입이 가능합니다.

즉, 정관 또는 규정 기반 계산한 금액이 초과되는 금액은 손금 불인정됩니다.

> **정관 조문 예시**
> **제○조(임원의 퇴직금)**
> 회사는 임원이 퇴임하거나 사망한 경우, 주주총회 결의 또는 임원퇴직급여 규정에서 정한 바에 따라 퇴직금을 지급한다.

정관만으로 부족하다면 '임원퇴직급여규정'이라는 별도 사규를 제정하여 배수, 산식, 지급시기 등을 명확히 해야 합니다. 또한 이사회 회의록, 결의서, 지급 시점의 회계처리 명세서 등도 남겨 놓아야 나중에 국세청 또는 외부 감사 시 불이익이 없습니다.

3. 대표자의 퇴직금은 설계가 중요(직전 3년 보수와 퇴직배수)

대표자의 퇴직금은 그저 '몇 년 일했으니 얼마' 하고 갑자기 정해지는 돈이 아니라, 적어도 3년 전부터 준비해야 하는 '설계상품'입니다. 단순한 근속연수 계산이 아니라 세무상 손금처리를 위한 치밀한 세무설계가 뒷받침돼야 합니다. 여기에는 세 가지 핵심 기준이 있습니다.

① 직전 3년간의 평균보수
② 퇴직금 계산 방법
③ 배수(통상 2~3배)

예를 들어 보겠습니다. 어느 한 대표이사가 최근 3년간 받은 평균 급여는 약 1억 원(2022년: 0.9억 원, 2023년: 1.1억 원, 2024년: 1억 원)입니다. 이를 기준으로 근속연수 10년을 곱하면 기본 퇴직금 산정액은 1억 원 × 10% × 10년 = 1억 원이 됩니다. 여기에 회사 정관이나 규정에서 정한 퇴직배수 3배를 적용하면, 최종적으로 퇴직금은 3억 원이 되는 구조입니다.

이 금액이 모두 법인의 손금으로 인정되려면 최소한 다음 요건 충족 필요합니다.

① 퇴직 전 3년간 임원의 총급여액
② 정관 또는 사규상 명시
③ 주주총회 결의

> **「법인세법 시행령」 제44조제4항**
> 법인이 임원에게 지급한 퇴직급여 중 다음 각 호의 어느 하나에 해당하는 금액을 초과하는 금액은 손금에 산입하지 아니한다.
> 1. 정관에 퇴직급여(퇴직위로금 등을 포함한다)로 지급할 금액이 정하여진 경우에는 정관에 정하여진 금액
> 2. 제1호 외의 경우에는 그 임원이 퇴직하는 날부터 소급하여 1년 동안 해당 임원에게 지급한 총급여액[「소득세법」 제20조제1항제1호 및 제2호에 따른 금액(같은 법 제12조에 따른 비과세소득은 제외한다)으로 하되, 제43조에 따라 손금에 산입하지 아니하는 금액은 제외한다]의 10분의 1에 상당하는 금액에 기획재정부령으로 정하는 방법에 의하여 계산한 근속연수를 곱한 금액. 이 경우 해당 임원이 직원에서 임원으로 된 때에 퇴직금을 지급하지 아니한 경우에는 직원으로 근무한 기간을 근속연수에 합산할 수 있다.

현재 「법인세법」상 정관에 배수가 명시될 경우 배수에 따른 퇴직금을 모두 비용 처리할 수 있습니다. 다만 2020년 이후 「소득세법」상 임원퇴직소득금액의 한도는 2배수이기 때문에 위 3억 원 중 2억 원만 세무상 퇴직소득으로 인정됩니다. 나머지 1억 원은 대표자에게 '근로소득'으로 과세되어 일반적인 근로소득세를 적용받게 됩니다.

따라서 대표자의 퇴직금은 그 자체로 권리가 보장되는 것이 아니라, 정관과 규정, 보수설계라는 사전 작업을 거쳐야만 비로소 '합법적인 퇴직금'으로 인정받을 수 있는 것입니다. 금액이 크기를 떠나서 이를 정당하게 지급할 수 있는 근거와 절차가 갖춰져 있지 않다면 세무 리스크가 될 수 있기 때문에 철저한 설계와 준비가 필요합니다.

노세부부의 쏠쏠한 정리

- 주 15시간 이상 근무하던 근로자가 1년 이상 근무하고 퇴사하면 퇴직금을 지급해야 해요.
- 반면 대표자의 퇴직금은 '정관·규정·주총 결의'라는 설계가 있어야만 법적·세무적으로 인정됩니다.
- 준비 없이 받으면 전액 과세될 수 있지만, 미리 설계하면 합법적 절세와 안정적인 노후자금 마련이 가능합니다.

02 DB, DC, IRP…
알 듯 말 듯 한 퇴직연금
퇴직연금제도의 종류

"퇴직연금제도요?
이제 안 하면 안 된다던데요?"

 식품 유통업을 운영하는 이도현 대표님(49세)은 최근 인터넷에서 '퇴직연금 의무화 추진?'이라는 제목의 기사를 보고 잠시 멈칫했습니다. 최근 세 달 사이에 직원 2명이 퇴사하면서 퇴직금으로 큰돈이 한꺼번에 나가면서 퇴직연금도입에 대한 고민이 많아졌기 때문입니다.
 "에휴, 퇴직금은 그냥 그때그때 주면 되는 거 아닌가?"
 매번 그렇게 넘기려 했지만, 막상 1,800만 원을 한 번에 이체하고 나니 통장이 텅 비는 느낌이 들었습니다.
 며칠 뒤 거래처 사장과 점심을 먹다 또 한 번 마음에 걸리는 말을 들었습니다.
 "형님 회사는 아직 퇴직연금 안 넣으세요? 요즘은 목돈 빠져나가는 거 막으려고 다들 도입하던데요."
 이 대표님의 마음이 점점 더 흔들렸습니다. 퇴직연금을 도입하면 세금도 줄고, 직원 관리에도 좋다지만, 현실은 걱정이 먼저였습니다.

"연금으로 주면 당장 현금이 묶이는 거 아냐?", "직원이 많지도 않은데 굳이 해야 하나?"

노무사 솔루션

1. 퇴직연금제도는 퇴직금이랑 다른 건가요?

퇴직급여제도는 크게 일반 퇴직금제도와 퇴직연금제도로 나눌 수 있습니다. 일반 퇴직금제도는 직원이 퇴직할 때 회사가 직접 목돈을 지급하는 방식입니다. 반면, 퇴직연금은 회사가 외부금융기관에 미리 퇴직금을 적립해 두었다가 직원이 퇴직하면 지급하는 제도입니다.

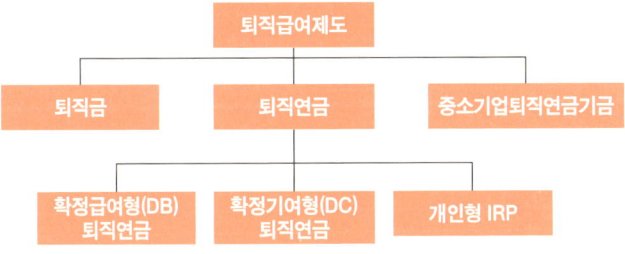

과거에는 퇴직금을 회사 내부에 쌓아두고 퇴사 시 일시금으로 지급하는 게 일반적이었습니다. 그러나 회사 경영의 어려움, 자금 유용, 파산 등으로 퇴직금을 제때 받지 못하는 근로자들이 많아지면서, 정부는 2005년부터 '퇴직연금제도'를 도입했습니다.

한편 중소기업퇴직연금기금은 2022년부터 도입된 제도로 상시 근로자 30인 이하 중소기업이 가입할 수 있는 기금형제도입니다(중소기업퇴직연금기금은 5절에서 설명).

구분	퇴직금제도	퇴직연금제도 (DB·DC·IRP)
지급 시점	퇴직 시 일시금 지급	퇴직연금계좌(IRP)로 사전 적립 후 퇴직 시 수령
지급 방법	회사가 직접 지급	금융기관을 통해 지급
퇴직소득세	개인 IRP 계좌로 지급 (이연과세 혜택)	세전으로 적립 → 수령 시 과세 (이연과세 혜택)
안정성	회사 재정상태에 따라 지급 불확실성	금융기관 적립으로 근로자 퇴직금 안전 보장
운영 부담	퇴직 시 목돈 지급 부담 큼	매월·매분기·매년 적립으로 부담 분산

2. 퇴직연금제도의 종류

회사에서 일반적으로 설정할 수 있는 퇴직연금제도는 확정급여형(DB형), 확정기여형(DC형), 개인형 IRP 이렇게 세 가지 유형이 있습니다.

구분	특징	운용 주체
확정급여형(DB형)	퇴직급여가 확정됨 (퇴직 전 3개월 평균임금 기준)	회사
확정기여형(DC형)	회사가 매년 일정금액 (연간 임금총액의 1/12 이상) 납입, 근로자 수익률 따라 수령액 달라짐	근로자 본인
개인형 IRP	이직·퇴직 시 이전해 사용하는 개인 계좌, DB·DC와 병행 가능	근로자 본인

DB형(확정급여형)은 퇴직 전 평균임금 기준으로 퇴직급여가 확정되기 때문에, 직원이 퇴직할 때 받을 금액이 정해져 있습니다. 이를 회사가 책임지고 운용합니다. 자금 여유가 있고 직원의 장기근속을 유도하고 싶은 회사라면 DB형이 적합할 수 있습니다.

DC형(확정기여형)은 매년 일정 금액만 회사가 납입하고, 운용은 직원이 직접 결정하며, 수익률에 따라 최종 수령액이 달라집니다. 회사는 자금 부담을 예측하기 쉽기 때문에 효율적으로 관리할 수 있습니다.

개인형 IRP는 연간 1,800만 원까지 부담금을 납입할 수 있으며, 운용 방식은 DC형과 동일합니다. 또한 상시근로자 10인 미만 사업장의 경우, 근로자 동의를 받아 개인형 IRP를 설정하면 퇴직급여제도를 도입한 것으로 인정됩니다.

따라서 회사의 재무 상태, 직원 구성의 안정성, 인사전략 방향 등을 종합적으로 고려해 결정하는 것이 바람직합니다.

3. 퇴직연금을 꼭 해야 하는 건가요?

퇴직연금제도는 현재 법적 의무사항은 아닙니다(2025년 9월 기준). 「근로자퇴직급여 보장법」 제4조제1항에 따르면 사용자는 퇴직급여제도를 설정해야 하고, 퇴직금제도 또는 퇴직연금제도 중 선택이 가능합니다.

따라서 현재 이도현 대표님처럼 퇴직연금제도가 아닌 일반 퇴직금제도를 설정하고 있어도 무방합니다. 다만, 퇴직연금을 도입하면 회사는 목돈 부담을 분산할 수 있고, 직원은 세금을 나중에 내면서 노후자금으로 사용할 수 있어 만족도가 높습니다. 법적으로 의무가 아니더라도, 직원 신뢰와 회사 재정 관리를 위해 가입을 검토하는 것이 좋습니다.

또한 최근 정부는 퇴직연금제도의 대대적인 개편과 의무화 추진을 핵심 연금 정책으로 삼고 있습니다. 이에 따라 많은 회사들이 앞으로 퇴직연금제도 의무화를 예상하며, 미리 도입을 준비하고 있습니다.

세무사 솔루션

1. 대표자도 퇴직연금 가입 가능, 세액공제를 통한 절세 수단

많은 대표님들이 퇴직연금제도를 '직원들만의 제도'로 생각하지만, 사실 대표자 본인도 가입하고 세액공제 혜택을 누릴 수 있습니다.

퇴직연금제도는 DB형(확정급여형), DC형(확정기여형), IRP(개인형 퇴직연금) 방식으로 선택할 수 있습니다.

이 중 IRP는 개인이 직접 퇴직금 또는 추가 불입금을 운용하는 제도이며, 대표자도 가입이 가능하고 절세에 매우 유리한 금융상품입니다. 세법상 IRP 납입금은 연 900만 원 한도 내에서 세액공제가 가능하고, 총급여 5,500만 원 이하일 경우 16.5%, 초과 시 13.2%의 공제율이 적용됩니다.

예를 들어, 총급여가 5,500만 원 이하인 대표자가 IRP에 연간 900만 원을 불입하면 약 148만 원(900만 × 16.5%)의 세액공제를 받을 수 있고, 총급여가 5,500만 원이 초과되더라도 약 118만 원(900만 × 13.2%)의 공제를 받을 수 있습니다. 이는 종합소득세 또는 근로소득세를 줄이는 효과로, 실제 체감 절세 효과가 매우 큽니다.

IRP 불입 시 세액공제 혜택

총급여	총급여 5,500만 원 이하	총급여 5,500만 원 초과
공제한도	연 900만 원	연 900만 원
세액공제율	16.5%	13.2%
최대 세액공제 금액	148만 5천 원	118만 8천 원

또한, 대표자가 퇴직금 중 일부를 IRP로 수령하도록 설정하면, 법인은 퇴직금을 비용으로 처리하고 동시에 대표자는 노후 자산을 마련할 수 있습니다. 특히 회사 매각, 가업승계, 은퇴 시점에 고액의 퇴직금을

일시금으로 지급하면 퇴직소득세 부담이 커질 수 있는데, IRP를 통한 분산 수령은 이를 사전에 조율할 수 있는 세금 리스크 회피 전략으로도 기능합니다.

2. 연금으로 수령 시 퇴직소득세보다 낮은 세금 혜택

퇴직금을 일반계좌로 일시에 수령하는 경우 「소득세법」상 퇴직소득세가 부과됩니다. 이 퇴직소득세는 퇴직금 총액, 근속연수, 평균 보수액 등을 고려하여 계산되지만, 금액이 크거나 근속연수가 짧다면 실질세율이 올라갈 수밖에 없습니다.

반면, 퇴직연금제도를 통해 퇴직금을 IRP로 이체하거나 연금으로 수령하면, 세금 계산 방식이 달라집니다. 연금으로 분할 수령하면 1,500만 원 이하로 '연금소득세'가 적용되며, 연금수령기간에 따라 퇴직소득세의 70~60%만 납부하게 됩니다. 또한 IRP의 운용수익의 경우에도 3.3~5.5%의 저율로 연금소득세가 부과되기 때문에 퇴직소득세보다 훨씬 유리합니다.

운용수익을 재원으로 한 연금소득이 1,500만 원이 넘는 경우에는 해당 연금소득을 전부 다른 소득과 합산해 종합과세하지만 연금 수급자가 희망하면 16.5%의 세율로 분리과세 납부할 수 있습니다.

이렇게 되면 퇴직소득세 대비 절세 효과를 볼 수 있으며, 연금 수령 시 건강보험료 부과 기준에도 제외되어 이중 절세 효과도 기대할 수 있습니다.

3. 가끔은 묶여 있는 돈이 노후자금으로 더 알맞다

퇴직연금제도를 도입하면 대표님들이 가장 먼저 고민하는 부분이 있습니다. 바로 퇴직금을 중간에 꺼내 쓰기 어렵다는 점입니다.

처음에는 이처럼 '돈이 묶여 있는 구조'가 대표님 입장에서는 불편하게 느껴질 수 있습니다. 하지만 퇴직금이라는 본래의 성격, 즉 '노후를 위한 자산'이라는 관점에서 보면, 쉽게 꺼내 쓸 수 없는 구조야말로 오히려 제도의 취지에 부합하는 것입니다.

또한, 퇴직연금은 제도 특성상 자동적으로 장기근속을 유도하는 효과가 있습니다. DB형의 경우 퇴직금 총액이 근속연수에 따라 커지기 때문에 직원은 더 오래 근무할수록 퇴직금이 많아지는 구조이고, DC형은 매년 일정 금액이 자신의 연금계좌로 쌓이기 때문에 '회사가 나의 노후를 준비해 준다'는 신뢰를 형성할 수 있습니다. 이런 심리적 안정감은 이직률을 낮추고 조직의 안정성 강화로 이어집니다.

무엇보다 정부에서도 퇴직연금제도 확산을 위해 도입 컨설팅과 장려금 제도를 운영하고 있으므로, 초기 설계 부담이나 제도 도입비용도 낮출 수 있는 방법이 충분히 마련되어 있습니다.

결국, 퇴직연금의 '묶인 돈'은 불편함이 아니라 직원과 회사를 함께 성장시키는 지속 가능한 자산 관리 시스템이라고 볼 수 있습니다. 당장은 불편해도, 나중에는 고맙게 여겨질 구조인 것이죠.

노세부부의 쏠쏠한 정리

- 퇴직연금은 퇴직금을 미리 적립해 목돈 부담을 줄여주는 제도예요.
- 연금으로 나눠 받으면 세금도 줄고, 직원과 대표님 모두 노후 준비가 한결 든든해집니다.
- 대표님도 IRP를 활용하면 절세와 노후자금 마련을 동시에 챙길 수 있어요.

03 대표님과 근로자의 퇴직금은 세금부터 다릅니다

퇴직소득세 계산과 신고

"퇴직금이요?
그냥 법대로 계산해서 주면 되는 거 아닌가요?"

　20년째 소프트웨어 회사를 운영해 온 송대현 대표님(54세)은 최근 건강 문제로 경영에서 손을 떼기로 결심했습니다. 그동안 대표 급여로 매년 1억 원씩 받아 왔으니, 10억 원 정도는 퇴직금으로 챙겨도 무방하다고 생각했습니다. 그런데 세무사에게 슬쩍 물어보니, 뜻밖의 대답이 돌아왔습니다.

　"대표님, 직원은 퇴직하면 회사가 알아서 계산해 주고 세금도 자동으로 끝납니다. 하지만 대표님은 정관·주주총회 결의·등기 말소까지 꼼꼼히 준비해야 해요. 퇴직소득으로 인정받지 못하면, 종합과세 대상으로 세율이 45%까지 올라갑니다."

　옆에서 퇴직을 준비 중인 우리 회사 첫 번째 직원 이미영 부장(만 57세)은, 퇴직소득세가 자동 계산되어 깔끔히 끝납니다. 이제 송 대표님은 고민에 빠집니다.

　"직원이나 대표나 퇴직하면 똑같을 줄 알았는데… 이렇게 다를 줄이야."

> 노무사 솔루션

1. 퇴직소득의 과세이연

2022년 4월 14부터 개정된 「근로자퇴직급여 보장법」에 따라 모든 회사는 원칙적으로 근로자가 지정한 IRP(개인형 퇴직연금) 계좌로 입금해야 합니다. 따라서 회사는 퇴직하는 근로자로부터 퇴직금을 받을 IRP 계좌 사본을 받아야 합니다.

퇴직소득이 발생하면 원칙적으로 퇴직 시점에 과세되어야 합니다. 그러나 퇴직금을 IRP 계좌로 이체하면 세금을 즉시 내지 않고 나중에 인출할 때 과세됩니다. 이를 '과세이연'이라고 합니다. 즉, 수령 시점이 아닌 연금화 시점으로 과세가 이연되는 구조입니다.

따라서 퇴직금을 IRP 계좌로 입금하는 경우 세금을 차감하기 전의 금액, 즉 세전금액으로 입금해야 합니다.

2. 퇴직소득세 계산

원칙적으로 근로자의 IRP 계좌로 퇴직금을 입금해야 하지만, 송 대표님 회사에 첫 번째 직원인 이미영 부장님은 예외일 수 있습니다.

① 55세 이상 퇴직자, ② 퇴직금 300만 원 이하, ③ 사망 또는 외국인 근로자의 국외 출국 시 ④ 다른 법령에서 퇴직소득을 공제할 수 있도록 한 경우에는 예외적으로 IRP 계좌로 지급하지 않아도 됩니다.

이런 예외의 경우라면 회사는 퇴직소득세를 원천징수 후 세후 금액으로 퇴직금을 지급합니다. 퇴직소득세는 일반 급여와 달리 근속연수와 퇴직소득공제를 반영해 계산되므로 세 부담이 적습니다.

예를 들어, 20년 근무한 57세 이미영 부장님이 퇴직하며 퇴직금으로 세전 1억 원을 받는다고 가정해 봅시다.

1. 퇴직급여	10,000만 원(비과세 소득 없음)
2. 근속연수 공제	20년 근속이므로, 공제액은 1,500만 원 + 250만 원 × (근속연수 - 10년) = 1,500만 원 + 250만 원 × 10년 = 4,000만 원
3. 환산급여	환산급여는 (퇴직급여 - 근속연수 공제) ÷ 근속연수 × 12이므로, (10,000 - 4,000)만 원 ÷ 20년 × 12 = 3,600만 원
4. 차등공제	환산급여에 따라 차등공제가 적용되므로, (7천만 원 이하의 경우 8백만 원 + 8백만 원 초과분의 60%) 2,480(= 800 + 1,680)만 원이 공제된다.
5. 과세표준	퇴직소득 과세표준 = 환산급여(3) - 차등공제(4)이므로, = 3,600만 원 - 2,480만 원 = 1,120만 원
6. 환산 산출세액	1,120만 원은 6% 구간이므로, 산출세액 = 1,120만 원 × 6% = 67.2만 원
7. 산출세액	산출세액은 환산 산출세액 ÷ 12 × 근속연수이므로, 67.2만 원 ÷ 12 × 20년 = 112만 원

이미영 부장님은 퇴직금 1억 원을 받아도 실제 납부할 세금은 112만 원 수준으로, 일반 급여소득에 비해 훨씬 낮습니다.

퇴직소득은 종합소득에서 제외하여 별도로 분류과세합니다. 퇴직소득은 근로기간 전체에 걸쳐서 발생된 소득이기 때문에 종합소득에 합산되어 과세가 되면 퇴직하는 해에 소득이 많아져 높은 세율을 적용받게 되는 상황이 발생합니다. 따라서 현행 소득세법상 퇴직소득은 종합소득과 합산되지 않습니다.

세무사 솔루션

1. 대표자 퇴직소득세의 계산 구조는 다릅니다

직원은 「소득세법」대로 자동 계산되지만, 대표자는 「법인세법」과의 연결고리까지 고려해야 합니다.

대표자의 퇴직금은 가장 먼저 정관 또는 주주총회 결의 등 퇴직금 지급에 대한 명확한 근거가 있어야 합니다. 단순히 '대표였으니 퇴직금을 받는다'는 식의 지급은 법인세 측면에서 문제가 생깁니다.

정관이 없다면, 지급금액 역시 「법인세법」상 '최근 1년간 총급여액 × 10% × 근속연수'를 초과하지 않아야 손금산입이 가능합니다.

예를 들어 정관에 퇴직 전 3년간 총급여의 연평균환산액과 3배수가 명시되어 있다고 가정해 보겠습니다. 송 대표님이 퇴직 전 3년간 매년 1억 원씩 급여를 받았다면, 퇴직금 손금한도는 1억 원 × 10% × 20년 × 3배수 = 6억 원입니다. 이를 초과하면 초과금액은 법인세상 손금불산입되는 것입니다.

이마저도 정관이 없었다면, 퇴직금 손금한도는 1억 원 × 10% × 20년 = 2억 원입니다.

따라서 직원은 퇴직 후 처리되지만, 대표는 퇴직 '전'부터 세금과 손금처리를 위한 정비가 선행되어야 하고, 그에 따른 철저한 설계가 함께 진행되어야 합니다.

2. 대표자의 퇴직소득세 신고는 별도 관리가 필요합니다

직원의 경우 퇴직금이 지급되면 회사가 원천징수 신고를 끝내므로 근로자가 따로 할 일은 없습니다. 반면 대표자는 임원·사용자·수령자의 지위가 동시에 적용되므로, 단순 원천징수만으로 끝나지 않습니다. 직원에게 퇴직금이 지급되면 회사가 원천징수 하고, 다음 달 10일까지 관할 세무서에 신고합니다. 이에 대해 직원이 따로 국세청을 방문하거나 신고서를 작성할 일은 없습니다.

하지만 대표자의 퇴직금은 다릅니다. 대표자 본인이 회사의 등기임원이자 사용자였기 때문에, 퇴직금을 받는 순간 '지급받는 자'이자 '지급을 승인한 주체'가 됩니다. 또한 대표자는 일반직원과 달리 '등기말소' 등의 요건이 반드시 동반되어야 퇴직으로 인정되기 때문에, 세무서에 '퇴직소득세 신고서'와 함께 관련 자료를 직접 제출해야 합니다.

> **대표자 퇴직소득세 신고 절차**
> ① 주주총회 결의로 퇴직 결정
> ② 정관 또는 퇴직급여규정에 따른 계산
> ③ 실제 퇴직 여부 확인(등기 말소, 직무 종료)
> ④ 퇴직소득세 신고서 작성
> ⑤ 관할 세무서에 직접 신고 및 납부

3. 대표자는 분류과세(퇴직소득세) 기준이 엄격합니다

직원은 퇴직금에 대해 「소득세법」상 '퇴직소득'으로 자동 분류되고, 퇴직소득세는 분류과세로 처리됩니다. 즉, 다른 소득과 합산하지 않고 독립적으로 세금이 계산됩니다. 이는 과세표준이 낮아지는 효과를 주기 때문에, 세금 부담이 상대적으로 작습니다.

하지만 대표자는 다릅니다. 퇴직소득으로 적용되기 위해선 3가지 조건을 충족해야 합니다.

① 정관 또는 주주총회 결의 등 퇴직금 지급 근거 확보
② 3년 평균 보수 × 근속연수 × 배수 이내 금액일 것
③ 실제 퇴직 사실이 명확할 것(등기말소, 고용관계 종료 등)

이 중 하나라도 누락되면 퇴직소득이 아니라 근로소득 또는 상여로

간주될 수 있고, 이 경우 다른 소득과 합산되어 최대 45% 세율이 적용될 수 있습니다. 임원 퇴직금은 수억 원 규모에 달하는 경우가 많아, 계산 방식의 차이만으로도 수천만 원의 손익 차이가 발생할 수 있습니다.

항목	직원	대표자
과세방식	분류과세	조건 충족 시에만 분류과세 적용
신고주체	회사(원천징수)	본인 직접 신고
퇴직요건	퇴직일 기준 자동 처리	정관/주주총회 결의/등기 말소 요건 필요
손금처리	전액 가능	한도 초과 시 불인정
세율 구조	퇴직소득세율	누진세율 가능성 있음

노세부부의 쏠쏠한 정리

- 직원 퇴직금은 회사가 계산해 주고, 세금도 자동으로 처리돼요. IRP 계좌로 받으면 세금을 나중으로 미루고 더 적게 낼 수도 있죠.
- 대표자 퇴직금은 완전히 달라요. 정관에 규정이 있어야 하고, 주주총회 결의, 등기 말소까지 챙겨야 안전하게 퇴직금으로 인정돼요.
- 준비 없이 받으면 세금이 훨씬 커질 수 있어요. 퇴직 전 미리 설계하면 세금도 줄고, 마음도 편안해집니다.

04 정관과 규약 먼저 챙기셔야 합니다
정관과 규약 작성 예시

"퇴직금에 정관이랑 규약까지 필요하다니….
이런 얘기는 처음 듣네요."

식품제조업을 운영하는 김상훈 대표님(51세)은 최근 세무사에게서 뜻밖의 조언을 들었습니다.

"대표님도 퇴직금을 활용하면 세금을 크게 줄일 수 있어요. 다만 정관에 근거가 있어야 합니다."

궁금해진 김 대표는 정관을 펼쳐 봤습니다. '대표이사 퇴직금은 주주총회에서 결의한다'라는 짧은 문구만 덩그러니 적혀 있었고, 퇴직금 계산식이나 지급률은 없었습니다. 세무사는 경고했습니다.

"이대로 지급하면 세무서에서 손금 불인정하고, 상여로 과세될 수 있어요. 미리 정관을 고쳐야 안전합니다."

직원 퇴직금 문제도 마찬가지였습니다.

김 대표는 몇 년 전 은행에서 권유받아 퇴직연금에 가입해 두었지만, 사실 퇴직연금 규약을 검토하거나 직원 교육·동의서는 한 번도 진행하지 않았습니다. 노무사는 말했습니다.

"규약 검토도 안 하시고, 직원들에게 설명을 안 했으면 나중에 이중 지급 분쟁이 날 수도 있어요."

김 대표는 한숨을 내쉬었습니다.

"정관부터 규약까지…. 어디서부터 손봐야 할까?"

> 노무사 솔루션

1. 퇴직연금제도의 핵심은 '규약'입니다

퇴직연금제도의 핵심은 '규약'입니다. '규약'은 우리 회사 퇴직연금제도의 설계서라고 생각하면 됩니다. 따라서 규약에는 퇴직급여 산정 기준, 중간정산 사유, 급여 기준, 적립 방식, 운용 절차 등이 명시되어야 합니다. 예를 들어, DB형·DC형 중 어떤 제도로 할지, 납입 기준은 어떻게 할지, 중도 인출 기준은 어떻게 정할지 등을 명시해 두는 것입니다. 규약은 회사 내부지침이 아니라, 고용노동부에서 퇴직연금 도입의 유효성을 판단하는 핵심 문서입니다.

그런데 문제는 여기에 있습니다. 많은 사업장이 금융기관이 제시한 표준규약을 그대로 쓰는 경우가 많습니다. 표준규약은 말 그대로 '표준'입니다. 표준대로 하면 편리한 것 같지만, 우리 회사에 맞지 않는 내용일 수 있습니다. 퇴직급여 지급기준이 불명확하다거나, 퇴직급여를 이중으로 지급한다는 내용으로 오해가 생기거나, 필수기재사항이 없어 노동부 시정명령을 받는다거나 하는 등의 리스크가 발생할 수 있습니다.

표준규약을 우리 회사에 맞게 설계하지 않으면 제도설립 이후 계속 리스크를 가져가야 합니다. 우리 회사에 맞는 맞춤형 규약을 마련해야 합니다.

2. 퇴직연금 교육은 법정필수교육입니다

퇴직연금은 단순히 금융기관과 계약했다고 끝나는 제도가 아닙니다. 「근로자퇴직급여 보장법」 제13조 및 제19조에 따르면 사업주가 퇴직연금제도를 도입하거나 변경할 경우, 근로자에게 제도 내용을 충분히 설명하고 서면 동의를 받아야 합니다.

이 설명의무를 이행하지 않으면, 퇴직연금이 퇴직금의 대체 수단으로 인정되지 않아 퇴직금 이중 지급 위험이 생길 수 있습니다. 특히 신규 입사자에게 설명을 누락하거나, 단순 서명만 받은 경우에는 법적 효력이 부정될 수 있습니다.

설명의 방식은 자유롭지만, 교육자료·동의서·참석자 명단 등은 반드시 보관해야 추후 퇴직금 분쟁이나 근로감독 시 증빙할 수 있습니다.

> 세무사 솔루션

1. 정관(문서)에 담기는 대표자 퇴직금

대표자 퇴직금은 「근로기준법」이 아닌 '정관'이나 '주주총회 결의'라는 별도의 법적 근거가 있어야 세무상 손금처리가 가능합니다.

법인의 대표이사는 근로자가 아니기 때문에, 「근로기준법」상 퇴직금 규정을 자동적으로 적용받지 않습니다. 즉, 일반 직원처럼 일정 재직기간을 충족하면 법적으로 퇴직금이 '당연히' 발생하는 구조가 아닙니다. 따라서 대표이사 퇴직금은 「법인세법」상 비용으로 인정받기 위해서 반드시 사전적이고 객관적인 지급 근거가 필요하며, 이때 가장 중요한 것이 바로 정관입니다.

정관은 회사의 조직, 목적, 이사의 권한, 이익 배당, 퇴직금 지급 여부 등을 규정합니다. 대부분 법인 설립 초기에 정관규정 샘플을 그대로 사용하는 경우가 많아, 대표이사 퇴직금 조항이 아예 없거나 문구 한두 줄만 있는 경우가 많습니다.

예를 들어 "대표이사가 퇴임 시 주주총회의 결의에 따라 퇴직금을 지급할 수 있다"와 같은 조항만으로는 '사전 규정'으로 보기 어렵고, 실제 지급 당시 구체적인 계산 방식이나 주주총회 결의가 없으면 세무상 손금 부인 위험이 있습니다.

반면, 다음과 같은 구체적인 조항이 있다면 세무상 손금처리의 중요한 증거가 됩니다.

> **예시)**
> 대표이사가 퇴직할 경우, 퇴직 전 3년간 평균 보수 × 10% × 근속연수 × 지급률을 기준으로 퇴직금을 산정한다.

이처럼 구체적인 산식이 있으면, 사전 합의된 정관에 따라 지급된 것으로 인정받을 수 있습니다. 만약 정관에 이러한 내용이 없다면, 최소한 퇴직 전 주주총회에서 사전 결의가 있어야 하며, 그 내용은 의사록, 회의자료 등으로 증빙되어야 합니다. 정관에도 없고 결의도 없이 대표자에게 퇴직금을 지급하면, 세무서에서는 이를 '급여'나 '배당'으로 보거나 대표자 가지급금으로 보아 추가적인 소득세 부과 및 비용 부인을 할 수 있으므로 주의가 필요합니다.

특히 가업승계, 법인 청산, 대표자 퇴임 등이 예정되어 있다면, 정관을 미리 개정하고 퇴직금 조항을 정비하는 것이 가장 안전한 절세 전략입니다.

2. 퇴직금 인정 시 전액 비용처리

정관과 결의 절차를 갖춘 대표이사 퇴직금은 전액 손금처리 가능하며, 이는 퇴직소득으로 과세되기 때문에 대표자 입장에서도 가장 유리한 보수 방식입니다.

퇴직금은 일시금으로 지급되지만, 실질적으로는 대표자의 오랜 근속에 대한 보상의 의미를 담고 있으며, 이를 「법인세법」상 손금으로 처리할 수 있다면 법인의 과세표준을 크게 줄일 수 있는 절세 수단이 됩니다.

예를 들어, 20년간 근속한 대표이사가 직전 3년간 평균 급여가 1억 원이고, 정관에 퇴직금 지급률이 명시되어 있다면, 퇴직금 산식(1억 × 10% × 20년 × 3배수)에 따라 6억 원까지 손금 인정이 가능합니다. 이 경우 법인의 이익이 7억이라 하더라도, 퇴직금을 손금으로 처리하면 당기순이익이 1억 원이 되어 법인세 절감효과도 가져오게 됩니다.

또한, 대표자가 주주총회 결의 없이 개인통장으로 퇴직금을 송금받고, 회사 장부에는 손금처리 하는 방식으로 진행하면, 세무상 손금불산입일 뿐 아니라, 상여 또는 배당으로 소득 재분류되어 소득세가 가중될 수 있습니다. 반대로, 사전에 정관 정비, 주주총회 결의, 계산서류 보관을 철저히 해둔다면, 퇴직금 전액을 손금 처리할 수 있으며, 대표자 입장에서는 「소득세법」상 한도 내의 퇴직금에 대해서는 퇴직소득세율(퇴직소득공제 + 근속연수로 구간적용)이 적용되어 종합소득세보다 훨씬 낮은 세율로 과세되는 장점이 있습니다.

> **예시)**
> 근속연수 20년, 퇴직금 6억 원
> 퇴직소득공제 약 4.2억 적용 후, (연환산)과세표준 900만 원, 산출세액 약 7,450만 원
> 종합소득과세 누진세율이 아닌 분류과세 구조 → 실실 세율 약 12% 전후

이처럼 퇴직금은 대표자에게도 유리하고, 법인에도 절세 수단이 되므로, 초기부터 정관 정비와 명확한 규정을 준비해 두는 것이 핵심입니다.

3. 법인비용처리의 핵심, 급여·배당 그리고 퇴직금

대표자가 법인에서 수령하는 보수는 급여·배당·퇴직금으로 구분되며, 각각 세무상 인정범위와 과세방식이 다르기 때문에 전략적 선택이 중요합니다.

① 급여(사용인보수): 월정급여로서, 법인이 손금처리 가능하며 대표자는 근로소득으로 종합소득세가 부과됩니다. 단, 과도한 급여는 「법인세법」 제52조 부당행위계산부인 규정에 따라 손금이 부인되고, 초과 금액은 상여나 배당소득으로 다시 과세될 수 있습니다.
② 배당: 잉여금 처분에 따라 주주에게 지급되는 것으로, 법인세를 이미 낸 후의 소득을 개인에게 분배하는 구조입니다. 대표자가 수령 시 연간 금융소득의 합계액이 2,000만 원을 초과하면 배당소득세율(15.4%) + 종합소득세 합산과세로 부담이 매우 큽니다. 법인에서는 잉여금의 배분이기 때문에 손금처리 되지는 않습니다.
③ 퇴직금: 일정 기간 근속 후 지급되며, 정관 또는 퇴직급여규정에 따라 사전 근거가 있으면 법인에서 전액 손금처리 가능합니다.

퇴직소득으로 분류되어 과세표준 분산 및 세율 절감 효과가 있습니다. 퇴직소득세는 분류과세 구조이므로, 대표자 입장에서 가장 유리한 방식입니다.

특히 법인이 장기간 이익이 누적되었고, 대표자가 향후 퇴임하거나 가업승계를 계획 중이라면, 배당보다 퇴직금 방식으로 보수를 정리하는 것이 세무상 훨씬 효율적입니다. 퇴직금은 장부상 이익잉여금을 줄일 수 있어 청산 시 유보소득 과세 부담도 줄이고, 상속재산 가액도 낮춰주는 이점이 있습니다.

한편, 모든 방식에는 전제 조건이 있습니다. 급여는 사전 결정과 정기성, 배당은 배당가능이익의 존재와 주주총회 결의, 퇴직금은 정관·규약의 사전 명문화가 있어야 세무상 유리하게 처리됩니다. 따라서 대표자 보수는 '얼마를 받을 것인가'보다 '어떤 방식으로 받을 것인가'를 먼저 설계하는 것이 중요합니다.

노세부부의 쏠쏠한 정리

- 대표자의 퇴직금은 정관에 계산식과 근거를 두고, 주총 결의를 거쳐야 세무상 인정받을 수 있어요.
- 직원의 퇴직연금은 규약이 제일 중요해요. 또 직원에게 설명하고 동의를 받아야 퇴직금으로 인정되고, 이중 지급 분쟁도 막을 수 있어요.
- 결국 '정관 + 규약'을 제대로 준비하면, 대표님도 절세하고 직원도 안심하는 가장 안전한 길이 됩니다.

05 정기보험 VS 퇴직연금, 어떤 방식이 맞을까요?

퇴직금 마련 전략

"대표도 퇴직금 설계를 해야 한다던데,
진짜 필요한가요?"

이상훈 대표님(56세)은 20년 가까이 정밀부품 가공 제조업을 운영해 온 1세대 창업자입니다. 최근 장남이 기술영업을 맡으면서, 7년 후에는 경영권을 넘기고 퇴직하려는 계획을 세웠습니다. 그런데 이 대표님은 최근 퇴사하는 직원 1명의 퇴직금이 1,300만 원이라는 것을 알았습니다.

"직원 한두 명만 나가도 이렇게 큰돈이 필요한데, 내가 퇴직하면 수억 원이 한꺼번에 빠져나가겠구나…."

세무사사무실에서 들은 조언은 더 충격적이었습니다.

"대표님, 정관에는 퇴직금 기준이 없고, 유보금도 부족합니다. 지금부터 대표님 퇴직금을 함께 설계하셔야 해요."

이 대표님은 '퇴직금 설계'가 필요하다는 것을 이제 깨달았습니다. 이 대표님은 세무사와 노무사의 도움을 받아 직원들을 위한 퇴직연금제도와 대표자 퇴직금 설계를 동시에 시작하기로 마음먹었습니다. 이 대표님은 지금부터 준비하면 7년 뒤, 회사도, 가정도 흔들림 없이 안전하게 퇴직할 수 있다는 확신이 들었습니다.

> 노무사 솔루션

1. 퇴직연금제도, 현금흐름을 지켜주는 퇴직금 보험입니다

퇴직금은 1년 이상 근속한 근로자에게 30일분 평균임금 이상 지급이 의무입니다. 이때 평균임금은 단순히 월급만이 아닙니다. 최근 3개월간 지급한 모든 임금을 포함하므로 실제 퇴직금이 대표님이 생각한 금액보다 훨씬 커지는 경우가 많습니다. 위 사례에서 이상훈 대표님이 직원 퇴직금으로 1,300만 원을 지급했는데요. 직원 3~4명이 한 번에 퇴직하면 5,000만 원 정도의 현금이 필요합니다.

문제는 소규모 사업장의 현금흐름입니다. 급여·임대료·원재료비·카드값만으로도 빠듯한데, 퇴직금까지 한꺼번에 나가면 엄청난 자금 압박이 생깁니다. 실제로 소상공인들이 퇴직금 때문에 마이너스 통장·카드 돌려막기로 버티는 경우도 종종 있습니다.

이때 회사 통장을 지켜주는 안전장치가 바로 퇴직연금제도입니다. 퇴직연금제도를 도입하면 회사가 일정 시기마다 금액을 적립해 놓고, 직원이 퇴사하게 되면 금융기관을 통해 바로 지급할 수 있습니다. 즉, 잘 설계된 퇴직연금제도는 퇴직금으로 인한 현금흐름 충격을 막아주는 '퇴직금 보험'이 됩니다.

2. 퇴직연금을 적극 활용해야 하는 이유

퇴직연금제도를 도입하면 회사와 직원 모두에게 이점이 많습니다. 회사 입장에서는 퇴직연금을 도입하지 않을 이유가 없습니다.

퇴직금은 "퇴직 시점부터 14일 이내 지급"이 원칙입니다. 즉, 직원이 퇴사할 당시 회사의 사정으로 퇴직금 전액을 14일 이내 지급하지 못하게 되면 곧바로 임금체불이 됩니다. 근로자가 노동청에 임금체불로 진정을 넣게 되면, 대표님은 노동청에 소명해야 합니다.

퇴직연금제도는 매월·분기·연마다 조금씩 적립하기 때문에 회사가 목돈을 마련해야 하는 부담이 줄어듭니다. 회사는 안정적으로 재무계획을 마련할 수 있기 때문에 갑작스러운 직원의 퇴사도 대비할 수 있습니다.

직원이 퇴사하게 되면 크고 작은 분쟁이 뒤따르는데, 대부분이 퇴직금 문제입니다. 그러나 퇴직연금제도를 도입하면 직원과의 분쟁 소지가 거의 없습니다. 퇴직금이 외부 금융기관에 안전하게 적립되고, 규약에 따라 지급 기준도 명확하기 때문입니다. 대표님도 직원들이 퇴사하는 시점마다 퇴직금을 계산하고 지급하는 문제로 고민할 일도 사라집니다.

3. 소규모 사업장인데 퇴직연금제도를 할 수 있을까요?

소규모 사업장일수록 퇴직연금제도를 활용해야 합니다. 10인 미만의 사업장이라면 '기업형 IRP 제도'를 활용할 수 있습니다. 기업형 IRP 제도는 상시 근로자 10인 미만의 소규모 사업장에서 퇴직연금제도를 보다 간편하게 도입할 수 있도록 만들어진 제도입니다. 회사가 개별 근로자의 동의를 얻어 개인형 퇴직연금제도에 가입하면 퇴직급여제도를 설정한 것으로 인정됩니다.

한편, 중소기업퇴직연금기금제도(푸른씨앗)는 상시 근로자 30인 이하 중소기업이 공동의 기금을 만들어 근로복지공단이 운영하는 공적 퇴직연금기금입니다. 사용자가 부담금을 내고, 기금에서 퇴직급여를 지급받는 방식입니다.

중소기업퇴직연금기금제도는 일반 퇴직연금제도에 비해 도입이 간편하고, 정부에서 사용자 부담금 일부와 수수료를 지원해 주고 있습니다. 퇴직연금제도를 도입하는 것이 비용적으로 부담스러운 중소기업에서 활용하면 좋습니다.

소규모 사업장이라고 걱정이 되시나요? 퇴직연금제도는 단순히 퇴직금을 준비하는 수단이 아닙니다. 회사 재무 안정과 대표님의 경영 리스크 관리까지 연결됩니다. '소규모라서 안 해도 된다'가 아니라 '소규모라서 더 빨리 해야 한다'가 맞습니다.

> 세무사 솔루션

1. 퇴직금 준비의 시작, 퇴직연금 가입

이 대표님은 가장 먼저 퇴직금을 어떻게 마련할지를 고민했습니다. 자녀에게 가업을 물려주고 싶지만, 그 과정에서 퇴직금 문제로 자금 부담을 주고 싶지 않았기 때문입니다. 세무사는 이렇게 조언합니다.

"대표님, 퇴직연금을 활용하면 매년 조금씩 적립하면서, 퇴직 시 비용 처리와 자금 준비를 병행할 수 있습니다."

퇴직연금은 법인대표나 임원도 가입할 수 있으며, 정관이나 주주총회에서 퇴직금 산정 기준이 명시되어 있다면 근로자에 준해 세무상 퇴직소득으로 인정받을 수 있습니다. 이 대표님은 우선 정관을 보완한 후, DC형 퇴직연금에 가입해 매년 1,500만 원씩 불입하기로 했습니다.

퇴직연금의 장점은 다음과 같습니다.
① 퇴직금 준비를 장기적으로 분산 가능
② 법인세 비용 처리 가능
③ 퇴직금 지급 시 현금 유동성 확보
④ 운용수익 발생 시 추가 이익 실현 가능

퇴직연금을 불입하면서 이 대표님은 "이제는 퇴직금을 모으는 게 아니라, 운용하는 시대"라는 조언이 가슴에 와닿았습니다.

2. 정관 정비를 통한 퇴직금 설계 변경 및 급여설정

하지만 이 대표님에게 가장 먼저 필요했던 건, '퇴직연금'이 아니라 정관 정비였습니다. 기존 정관에는 대표자의 퇴직금에 대한 규정이 전혀 없었기 때문입니다. 세무사는 중요한 사실을 덧붙였습니다.

"정관에 퇴직금 기준이 없으면, 아무리 퇴직연금에 가입해도 세법상 손금처리 되지 않습니다."

이에 이 대표님은 임시주주총회를 열고, 대표자 및 임원의 퇴직금 산정 기준을 다음과 같이 정비했습니다.

구분	변경 내용
지급 대상	대표이사 및 등기이사
산정 기준	퇴직 전 3년 평균 보수 × 10% × 근속연수 × 2배
지급 방식	일시금 또는 퇴직연금으로 수령 가능
기타	정관 근거에 따라 보험료·기금 운용 가능

이렇게 정관을 개정하면서, 앞으로 불입하는 퇴직연금이나 보험료는 세무상 근거를 갖고 한도 내에서는 전액 비용 처리할 수 있게 되었습니다.

또한 대표자의 퇴직금은 '통상적인 수준의 급여'를 기준으로 산정되어야 하고, 정관에 명시된 기준에 따라 퇴직 전 3년 평균 보수를 기반으로 계산하는 것이 일반적입니다.

이 대표님은 세무사와 협의해, 앞으로 3년간 대표이사 보수를 월

600만 원 수준으로 설정하고, 매년 주주총회 승인으로 보수 확정서를 첨부해 정당성도 확보할 예정입니다. 이를 통해 7년 뒤 퇴직 시, 퇴직금 약 5억 원의 세무상 손금 인정 요건을 갖추게 됩니다. 세무사는 꼭 짚고 넘어가야 할 부분을 강조했습니다.

"퇴직 직전에 보수를 급증시키면 퇴직금 과다 지급을 위한 행위로 보아 부인될 가능성이 높습니다. 최소한 3년 전부터 '정상적인 경영보수'로 설계하는 게 중요합니다."

3. 퇴직금의 부족분 및 법인유보자금은 경영인정기보험으로 보완

하지만 고민은 이어졌습니다. 퇴직연금으로는 7년 뒤 목표 퇴직금 5억 원 중 퇴직연금으로 약 1.2억 원밖에 적립되지 않기 때문입니다. 세무사는 또 하나의 카드를 제시했습니다.

"퇴직연금은 안정적이지만 한계가 있습니다. 경영인정기보험을 병행하면 부족분을 효율적으로 메울 수 있어요."

경영인정기보험은 단순히 사망보장을 위한 보험이 아닙니다. 다음과 같은 요건을 맞추면 법인의 장기 유보자금 확보 수단으로 설계가 가능합니다.

> 피보험자: 대표자 본인
> 보험계약자 및 수익자: 법인
> 보험 목적: 경영 안정자금(사망보장), 퇴직금 재원
> 납입 방식: 종신납입, 매년 6천만 원(월납 500만 원)
> 해약환급금 누적 예상: 7년 후 약 3.8억 원 이상(납입총액 4.2억 기준)

이 방식은 보험계약을 통해 현금성 자산을 외부에 묶어 두면서, 사내 유보금처럼 축적하는 방식입니다. 일정기간 후 해약하면 법인이 직접 현금으로 수령하므로, 퇴직 시점에 바로 지급이 가능합니다. 게다가 보험금 수령 시점은 법인이 정할 수 있어 자금 운용의 유연성도 확보됩니다.

이에 이 대표님은 법인 명의로 사망보장 5억 원 규모의 정기보험을 가입했습니다. 보험금 수익자는 법인이며, 피보험자는 대표자 본인입니다. 정관에는 '퇴직 또는 사망 시 유족보상금·위로금 지급' 조항을 추가하여 보험금 수령 후 퇴직금 용도로 전용할 수 있도록 했습니다.

이 보험은 비록 7년 차에 환급률이 92% 정도였으나, 대표자가 사망하지 않더라도 일정 조건에서 해약환급금을 퇴직금 원천으로 활용할 수 있으며, 매년 납입하는 보험료 약 6,000만 원은 비용 처리되기 때문에 법인세 절감효과(매년 약 20%)가 해약환급금 부족분을 넘는 절세효과가 있습니다.

> **퇴직연금 + 경영인정기보험 구성 예시**
> 연금 적립 누적 예상: 약 1.2억 원
> 보험 환급금: 약 3.8억 원 이상
> 법인의 퇴직금 지급 가능 자금 총액: 5억 원 이상 확보 가능

보험은 단순히 자산이 아니라, 법인세 납부 시점의 조절 장치가 됩니다. 이 대표님은 세무사와 협의하여 퇴직과 동시에 보험을 활용하도록 설계했습니다.

그 결과, 다음과 같은 시나리오가 완성됩니다.

항목	시기	세무 처리
보험료 납입	1~7년 차	전액 손금산입(법인세 절감)
보험 환급	8년 차 (퇴직시점)	익금산입(수익), 그러나 퇴직금 지급으로 다시 손금 → 법인세부담 없음
퇴직금 지급	8년 차	정관 기준에 따라 손금처리, 보험환급금과 상계

즉, 보험 환급금은 해약과 동시에 익금에 잡히지만, 그 돈을 곧바로 퇴직금 지급에 사용함으로써 같은 금액이 손금으로 반영됩니다. 결국 법인세는 이연되었을 뿐, 실제 납부는 없고 퇴직금도 손실 없이 지급되는 구조입니다.

세무사와의 협의 포인트 요약

항목	사전 협의 사항
정관	퇴직금 산정기준, 위로금 조항 명시 여부
급여설계	퇴직 3년 전 보수 적정성 확보
보험설계	보장금액, 납입구조, 환급률, 손금 인정 여부
해약 시점	퇴직연도와 일치시켜 익금·손금 상계 처리
세무처리 전략	손금 시기 조율, 유보금 형성 및 세금 이연 시나리오 설계

노세부부의 쏠쏠한 정리

- '퇴직금은 그때그때 주면 된다'고 생각하면 큰 부담이 될 수 있어요.
- 퇴직연금과 경영인정기보험을 활용하면 미리 준비하면서 세금도 아끼고, 퇴직 시 목돈 걱정 없이 지급할 수 있습니다.
- 정관 정비부터 차근차근 시작하면, 회사와 대표님 모두 안전하게 퇴직을 맞이할 수 있어요.

5장

복지가 곧 절세,
회삿돈을 아끼는 공식

- 기업복지와 절세의 현명한 균형

01 직원을 아끼고, 복지를 사랑하는 당신, 절세하라!
사내근로복지기금

<u>"직원 선물도 세금 걱정 없이 줄 수 있는
제도가 있다던데…. 사내근로복지기금이라고요?"</u>

제조업을 운영하는 박하원 대표님(48세)은 설 명절을 앞두고 직원 20명에게 10만 원 상당의 정육 선물을 준비했습니다. 그런데 며칠 뒤 세무사로부터 전화가 왔습니다.

"대표님, 명절선물 증빙 남겨 두셨어요? 전 직원에게 동일하게 지급하신 거 맞죠?"

갑작스러운 질문에 박 대표는 당황했습니다.

"그냥 고마운 마음에 챙긴 건데, 그게 세금 문제가 되나요?"

알고 보니, 명절선물도 일정 요건을 갖추지 않으면 직원에게는 근로소득, 회사에는 접대비 또는 부당행위계산부인의 대상으로 보일 수 있다고 합니다.

이때 세무사는 "이런 복지성 비용은 사내근로복지기금을 만들어 운영하면 세무리스크도 줄어들고 절세도 됩니다"라고 했습니다.

"사내근로… 복지기금이요? 그게 뭔데 그렇게 좋다는 거죠?"

박 대표님은 회사 복지와 세무까지 연결되는 새로운 제도의 존재에 관심이 생겼습니다.

"혹시 우리 회사도 만들 수 있는 건가?"

노무사 솔루션

1. 명절선물은 의무일까, 복지일까?

명절선물처럼 직원들에게 마음을 전하는 일은 자연스럽고 흔한 풍경입니다. 그러나 이런 '따뜻한 배려'가 반복되면 직원 입장에서는 '권리'로 굳어질 수 있습니다. 결국 회사가 자발적으로 했던 행동이 법적으로는 '의무'로 해석돼, 임금이나 상여금에 해당한다고 판단될 가능성이 있습니다. 따라서 작은 호의가 쌓여 분쟁의 불씨가 되지 않도록, 미리 관리하는 것이 중요합니다.

가장 먼저 확인해야 할 것은 사내 규정에 명절상여나 선물 관련 조항이 있는지입니다. 취업규칙이나 복무규정, 단체협약 등에 명시적으로 명절상여나 선물을 '매년 지급한다', '전 직원에게 제공한다'는 내용이 있다면, 근로조건으로 볼 수 있습니다. 회사의 지급의무가 된 것이라면 이후 회사가 직원에게 지급하지 않거나 일부만 지급할 경우, 노사분쟁으로 번질 위험이 있습니다.

두 번째는 지급 관행의 존재 여부입니다. 사내 규정에 따라 적혀 있지 않지만, 매년 같은 시기에 같은 방식으로 제공했다면, 이를 '관행상 근로조건'으로 인정할 수 있습니다. 최근에 관행을 인정하는 법원·노동부 해석이 계속 쌓이고 있습니다. 이럴 경우 단순한 복지가 아니라 '기대 가능한 임금'이 되는 것입니다.

그리고 2024년 12월 대법원 판례(2023다302838)는 명절휴가비, 하계휴가비, 체력단련비 등도 통상임금이 될 가능성도 있다고 보았습니다. 통상임금으로 인정된다는 것은 곧 연차수당, 연장·야간·휴일근로수당이 증가한다는 뜻이며, 대표님 입장에서는 간접비용이 예상보다 커질 수 있는 상황이 되는 것입니다.

명절상여나 선물은 감정이 아니라, 제도로 운영될 때 비로소 안전합니다.

2. 대표님도 따뜻해지는 복지의 비밀, 사내근로복지기금

직원을 위하는 박 대표님의 마음이 오히려 리스크가 되는 현실문제를 해결하려면 '제도'라는 안전장치를 활용해야 합니다. 바로 '사내근로복지기금'입니다.

직원을 챙기면서도, 세금 걱정 없는 구조. 사내근로복지기금으로 명절선물을 지급하면 대표님과 직원 모두 웃을 수 있습니다. 어떻게 가능할까요?

1) 근로소득이 아닙니다

사내근로복지기금은 회사 밖 독립된 법인입니다. 따라서 기금에서 지급한 선물은 회사가 준 것이 아니라 '제3자가 지급한 복지'로 봅니다. 따라서 근로소득으로 과세되지 않습니다. 세금을 공제하지 않으니 같은 선물인데도 직원이 실제로 받는 금액이 더 많아지는 효과가 있습니다.

2) 회사 부담금은 전액 비용 처리

회사는 사내근로복지기금에 출연할 때, 전액 비용처리가 가능합니다. 회사가 직접 지급했을 때는 접대비 한도에 걸리거나 부당행위로 보일 수 있습니다. 그러나 사내근로복지기금으로 지급하면 이러한 불이익이 없습니다.

출연할 때는 비용처리, 지급할 때는 과세 제외. 대표님 입장에서는 '두 번 이득'입니다.

3) 복지의 일관성 + 형평성 확보

사내근로복지기금은 정관에 '누구에게, 언제, 어떤 기준으로 줄지'가 이미 정해져 있습니다. 그래서 대표님의 재량에 따라 달라지는 방식보다 훨씬 일관되고, 직원 입장에서도 공정하다고 느낄 수 있습니다. "저 사람만 받았어요"와 같은 근로자 불만과 오해가 줄어들기 때문에 회사 내 갈등 요소도 예방할 수 있습니다.

게다가 복지기금은 정규직·계약직·일용직 모두에게 복지를 설계할 수 있어, 포용적인 인사관리도 가능합니다.

4) 직원 만족도는 '복지'라는 단어에서 시작된다

명절선물을 복지기금에서 받으면 직원들은 회사가 체계적으로 챙겨 준다는 신뢰감을 얻게 됩니다. 한 달 월급보다 명절선물 하나에 더 감동하는 것이 직원 마음입니다.

'사장님의 기분에 따라 좌우되는 회사'가 아니라, '제도가 뒷받침된 회사'라는 인식을 직원들에게 줄 수 있습니다.

좋은 제도는 활용할수록 효과가 커집니다. 같은 선물도 기금을 통해 지급하면 직원은 더 혜택을 누리고, 회사는 절세 효과를 얻습니다.

3. 우리 회사도 사내근로복지기금을 설립할 수 있나요?

사내근로복지기금은 모든 사업장에서 설립할 수 있습니다. 위 사례에서처럼 직원 20명의 제조업체를 운영하는 박 대표님도 충분히 사내근로복지기금 설립할 수 있습니다. 비영리법인, 외국계 회사, 정부 산하기관, 정부투자·출연기관, 신설회사 모두 가능합니다.

다만 6인 이상이 있어야 합니다. 이는 기금 운영을 위해 사내근로복지기금협의회·이사·감사 등 최소한의 조직이 필요하기 때문입니다.

사내근로복지기금은 크게 4단계 절차를 거쳐 설립할 수 있습니다.
① 회사 내부에서 설립합의를 거친 뒤, 설립준비위원회를 구성합니다.
② 위원회에서 정관 작성, 대표(이사)·감사 선임 등 설립 관련 업무를 진행합니다.

③ 준비된 서류(정관, 출연확인서 등)를 고용노동부에 제출해 설립 인가를 받아야 합니다.
④ 설립 인가 후에는 3주 이내에 법인 등기를 하고, 20일 이내 관할 세무서에서 고유번호증 발급을 받으면 됩니다.

사내근로복지기금 설립 시 노무사와 세무사의 전문적인 컨설팅을 받고 시작하는 것이 중요합니다. 노무사상담을 통해 정관 작성, 관련 법령 적용 등에 대한 자문을 받고, 세무사상담을 통해서는 출연금 세무 처리, 세제 혜택 적용, 법인세 신고 등 회계와 세무상 문제를 정확히 확인할 수 있습니다.

세무사 솔루션

1. 사내근로복지제도의 비용처리 효과

복리후생비는 직원 전원 또는 일정 요건을 충족한 자에게 공평하게 제공되고, 명확한 규정과 증빙이 있는 경우에만 손금산입이 가능합니다. 즉, 임원 또는 일부 직원만 받거나, 지급 기준이 불분명하거나, 관련 증빙 없이 지급했다면 비용 인정이 어려울 수 있습니다.

기금 도입 시 세무 리스크 최소화

항목	일반 복지성 지출	사내근로복지기금 활용
명절선물, 경조사비	접대비 또는 사적 지출로 분류될 위험	복리후생비로 인정 가능
비용처리 가능성	증빙 미비, 규정 미흡 시 손금 불인정	정관 기반으로 손금산입 가능
근로자 입장	과세소득(근로소득세) 될 수 있음	과세 없이 수혜 가능
세무조사 리스크	고의 탈루 또는 부당행위 계산으로 판단될 가능성	제도화된 기금은 안정성 확보

예를 들어, 사내근로복지기금 없이 전 직원에게 명절선물을 제공하는 경우, 내부 규정이나 회계 증빙이 없다면 세무조사 과정에서 비용 전체가 인정되지 않을 수 있습니다. 일부는 접대비로 분류되거나, 심한 경우에는 가지급금으로 처리될 수도 있습니다. 이렇게 되면 회사는 세무 리스크를 안게 되고, 직원들 입장에서도 해당 금액이 근로소득으로 간주됩니다. 회사는 근로소득 원천징수 누락분에 대한 가산세까지 부과될 가능성이 있습니다.

하지만 사내근로복지기금으로 정관에 따라 전 직원에게 동일한 명절선물 지급하면 법인은 기금 출연금을 기부금 또는 출연금 등으로 전액 손금 처리가 가능하게 됩니다. 사내근로복지기금을 통해 받은 부분에 대해 직원 또한 소득세 및 4대보험이 부과되지 않기 때문에 실질소득이 증가하는 효과가 있습니다. 또한 세무조사 시에도 명확한 증빙과 정당성이 있어 문제가 발생하지 않게 됩니다.

단, 회사와 별개로 사내근로복지기금은 비영리법인으로 별도 회계처리를 해야 하며, 법인의 일반회계와 철저히 분리해서 관리합니다.

2. 사내근로복지제도의 세무신고 방법

사내근로복지기금은 「근로복지기본법」 제61조에 따라 설치할 수 있으며, 세법상으로는 비영리법인의 한 유형으로 분류됩니다. 다만, 비영리라고 해서 세금이 전혀 없는 것은 아니며, 사내근로복지기금이 수익사업을 운영하는지 여부에 따라 법인세 신고의무와 과세범위가 달라집니다.

1) 수익사업이 없는 경우 - 일반적인 복지기금 형태

대다수의 중소기업 사내근로복지기금은 수익사업 없이 단순 복지비만 집행합니다. 이 경우 「법인세법」 제3조제2항에 따라, 비영리법인의 고유목적사업 수입은 과세되지 않습니다. 사내근로복지기금의 기부금(출연금), 이자수익, 기금에서 지급한 복지금은 모두 고유목적사업 수입 및 지출로 보며 법인세 과세 대상이 아닙니다.

따라서 고유번호증만 있으면 사업자등록은 하지 않으며 수익사업이 없는 한 법인세 신고 의무가 없지만, 국세청 요청 시 간단한 운영내역 제출이 필요한 경우는 있습니다.

2) 수익사업이 있는 경우 - 기금이 외부 임대, 판매 등을 운영하는 사례

일부 사내근로복지기금은 자산을 이용하여 임대사업, 자산운용, 매점운영 등 수익사업을 합니다. 가장 많이 적용되는 사례는 대부사업으로, 직원에게 저리로 대출을 하고 이자수익을 받는 구조입니다. 이는 '비영리법인의 수익사업'으로 간주되어 법인세 납세의무가 발생합니다. 이 경우 「법인세법」 제4조제1항에 따라, 비영리법인의 수익사업은 과세 대상이고, 수익사업이 있는 경우에는 반드시 사업자등록(일반과세자)을 해야 하며, 법인세 신고를 해야 합니다. 수익사업 회계와 고유목적 회계는 반드시 분리해야 하며, 복리후생성 사업이라도 유료화된 경우는 수익사업으로 판단될 수 있습니다. 고정자산의 경우 자산 감가상각, 부가가치세 납부 등 일반 법인과 동일하게 적용되기 때문에 신고의무에 유의해야 합니다.

사내근로복지기금 세무처리 비교(세무사 실무 관점)

구분	수익사업 없음	수익사업 있음
법적 성격	비영리법인 (고유목적사업만 수행)	비영리법인 + 일부 영리행위 수행
법인세 신고	없음	반드시 신고(법인세 과세)
사업자 등록	불필요(고유번호만 발급)	필수(일반과세자로 등록)
과세대상 수입	없음(출연금, 이자수입 등)	임대료, 판매수입, 유료서비스 등
세금 부담	없음	수익사업 이익에 대한 법인세 부과
회계구분	단일 회계 가능	수익/고유목적 회계 분리 필수
유의사항	증빙 및 규약 정비	필요경비 인정 구분, 감가상각 관리

3. 사내근로복지제도의 세무신고 시 유의사항(수익사업관련)

회사가 수익사업에 사용하기 위해 사내근로복지기금에 출연한 금액은 5년 내 사용되지 않으면, 전액 익금산입으로 과세가 확정되어 법인세가 발생하므로 계획적인 지출이 요구됩니다.

세무처리 흐름 요약

구분	세무 처리 방식
출연 시	손금산입
사용 연도	실제 사용·지출액에 따라 비용 인정
5년 경과 시	익금산입으로 과세

수익사업 목적의 출연금(예: 대부사업자금)은 출연 당시 전액 손금산입되며, 5년 이내에 실제로 사용되지 않았다면 익금산입 되어 과세가 확정됩니다. 한편, 운용과정에서 발생한 이자·배당 등 수익은 발생 즉시 익금에 산입되어 법인세 과세대상이 됩니다.

따라서 출연금 사용계획서와 실행계획을 사전에 확보하고, 매년 기금 사용 내역을 점검해야 합니다. 특히 출연 후 3년째부터는 5년 시효 만료에 따른 리스크를 대비하여 사용 진도 및 미사용액을 철저히 관리해야 합니다.

> **노세부부의 쏠쏠한 정리**
> - 직원들에게 작은 선물을 챙겨 주려던 마음이, 뜻밖에 세금과 노무 문제로 이어질 때가 있어요.
> - 이럴 땐 사내근로복지기금을 활용하면, 회사는 비용 처리가 깔끔하고 직원은 세금 부담 없이 혜택을 받을 수 있습니다.
> - 같은 선물도 제도를 거치면 더 든든하고, 직원 마음에 남는 따뜻함도 커집니다.

02 채용이 곧 혜택이다
고용장려금 제도

"고용장려금을 받게 됐는데…
나중에 세금 문제는 없을까요?"

서울 성수동에서 IT 솔루션을 개발하는 창업 5년 차의 중소기업 대표인 박지훈 대표님(39세)은 최근 대기업과의 수주 계약이 늘며 인력을 3명이나 충원했습니다. 3명 모두 만 31세이기 때문에 청년일자리도약장려금을 신청했습니다. 이후 회사는 고용노동부로부터 '청년일자리도약장금'으로 1인당 연 720만 원, 총 2,160만 원을 수령하게 되었습니다. 그런데 기쁨도 잠시, 회계팀은 고민에 빠졌습니다.

"이거 그냥 수익으로 잡아야 하나요, 아니면 비과세인가요?"

"이미 급여는 비용으로 처리했는데, 또 세금 내야 하는 거 아닌가요?"

인사담당자도 걱정이 생겼습니다.

"혹시 근로계약서나 4대보험 문제로 나중에 환수되면 어떡하죠?"

> 노무사 솔루션

1. 고용장려금의 첫 단추, 직원채용 전에 먼저 확인해야 할 것들

"청년을 채용하면 나라에서 돈을 준다더라"라는 이야기, 사업을 하다 보면 한 번쯤 들어보셨을 겁니다. 바로 고용장려금 이야기입니다.

정부는 청년, 고령자, 육아휴직 대체인력 등 특정 인력을 채용하고 일정 기간 고용을 유지한 기업에 인건비를 지원합니다. 지원 금액이 조건에 따라 수백만 원 가까이 될 수 있어 소규모 사업장의 인건비 부담을 크게 줄여주는 제도입니다.

고용장려금을 받으려면 사실 채용 전부터 준비가 필요합니다.

1) 고용노동부의 최신 공지 확인하기

고용장려금은 항상 최신 내용을 확인해야 합니다. 매년 이름·지원조건·금액이 변경될 수 있고 이미 종료된 사업일 수 있습니다. 따라서 신청 전 반드시 고용노동부 고용24 홈페이지(http://www.work24.go.kr)에서 최신 공고를 확인할 필요가 있습니다.

2) 우리 회사가 지원 대상인지 확인하기

우리 회사의 현재 상황을 먼저 점검해야 합니다. 회사에 직원이 몇 명이 있는지, 최근에 퇴사한 직원은 없는지, 앞으로 몇 명까지 채용할 수 있는지 등을 파악하는 것이 출발점입니다. 고용장려금만 생각해서 직원을 채용하는 것이 아닌 우리 회사의 인건비 여력과 근로환경도 함께 고려해야 합니다.

3) 구체적인 채용계획 마련하기

그다음은 언제, 몇 명의 직원을, 어떤 유형(청년·고령자·육아휴직 대체 등)으로 채용할지를 정합니다.

청년을 채용하면 '청년일자리도약장려금', 60세 이상을 채용하면 '고령자 고용지원금', 육아휴직이나 육아기 근로시간 단축 허용 후 대체인력을 채용하면 '대체인력 지원금' 등 다양한 제도가 연계될 수 있습니다.

2. 신청보다 더 중요한 건 증빙관리

고용장려금을 받기 위해서는 직원 채용과 동시에 증빙자료 준비가 필수입니다.

가장 먼저 근로계약서를 꼼꼼하게 작성해야 합니다. 채용일자, 임금 항목, 소정근로시간, 정규직 여부가 명확하게 표시되어 있어야 하며, 특히 정규직 요건이 잘 적시되어 있어야 합니다.

다음으로 4대보험 가입 내역을 반드시 확인해야 합니다. 고용보험 피보험자격 취득신고가 완료되어야 장려금 대상 근로자로 인정됩니다. 실제로 고용장려금 심사는 '직원을 진짜로 고용했는가'를 4대보험 이력으로 먼저 판단합니다.

마지막으로 급여와 근태 증빙을 준비합니다. 급여는 통장이체내역이 있는 것이 좋고, 출퇴근 기록도 남겨 두는 것이 좋습니다. 전자출퇴근기록이나 엑셀파일로 정리한 근태표를 갖춰 두면, 나중에 사후조사가 발생했을 때 큰 도움이 됩니다.

3. 사후관리, 장려금 유지의 핵심

 고용장려금은 신청만으로 끝나지 않습니다. 이후 사후관리가 장려금 유지의 핵심입니다.

 먼저, 고용유지 기간을 반드시 지켜야 합니다. 대부분의 장려금은 최소 6개월 이상 고용을 유지해야 하는 경우가 많습니다. 따라서 입사일부터 근로자의 고용유지조건을 잘 관리해야 합니다.

 또한 증빙자료는 최소 3년간 보관해야 합니다. 앞서 말씀드린 근로계약서, 4대보험 가입증명서, 급여이체내역, 임금대장, 근태기록은 필수로 챙기셔야 합니다. 실제 현장에서는 고용장려금을 받은 후 사후조사에서 자료가 불충분해 환수되는 사례가 간혹 있습니다.

 마지막으로, 변경 사항은 즉시 신고해야 합니다. 근로자가 퇴사하거나, 근로시간이 변경되거나, 휴업이 발생하면 즉시 고용센터에 알려야 합니다. 이러한 관리가 꼼꼼히 이루어져야 고용장려금을 안전하게 받고 유지할 수 있습니다.

 고용장려금은 우리 회사 인건비 관리 체계를 점검할 수 있는 기회이기도 합니다. 증빙서류를 꼼꼼히 갖추면 근로계약서·급여대장·근태 관리까지 투명해져 사업장에서 발생할 노동분쟁 위험이 줄어들고, 장려금·세액공제·보험료 감면까지 한 번에 챙길 수 있습니다.

> **세무사 솔루션**

1. 익금산입: '정부에서 받은 돈'도 과세표준입니다

성수동에서 IT 개발업체를 운영하는 박지훈 대표님은 정규직 청년 3명을 채용하여 청년추가고용장려금으로 총 2,160만 원을 수령했습니다. 수령한 고용장려금에 대해 세무사는 "이건 정부에서 준 돈이라도 세법상 '익금'으로 반드시 포함됩니다. 회계상으로도 '영업외수익'으로 처리해야 합니다."라고 말했습니다.

즉, 장려금은 단순한 지원금이 아니라 법인세 과세표준에 포함되는 과세소득입니다.

'정부에서 준 건데 왜 세금까지 붙냐'고 의아하겠지만, 「법인세법」 제15조는 이를 명확히 익금으로 정하고 있기 때문에 따로 비과세로 조정하거나 세무조정에서 제외할 항목이 아닙니다. 만약 이 수익을 누락할 경우, 세무조사에서 '수입 누락'으로 보고 가산세까지 부과될 수 있으니 반드시 주의해야 합니다.

2. 비용과 상계: 이미 급여로 손금 처리된 금액이라 실질 과세는 없습니다

고용장려금이 세금 폭탄으로 이어질까요? 그렇지는 않습니다. 박 대표님이 채용한 직원들에게 이미 월 250만 원의 급여를 1년간 지급했고, 그 인건비는 이미 회계상 손금으로 전액 반영되어 있었습니다.

즉, 장려금은 새롭게 생긴 '이익'이 아니라, 이미 손금 처리된 비용에 대해 사후적으로 정부가 일부 보전해 준 수익입니다. 회계상 비용과 수익이 각각 계상되지만, 실질적으로는 손익이 균형을 이루며 과세표준이 크게 늘어나지는 않습니다.

이런 의문이 들 수는 있습니다. '급여는 비용 처리, 장려금은 수익 처리면 이중으로 과세되는 것이 아닌가요?'

그러나 급여와 장려금은 서로 다른 기준으로 처리됩니다. 결과적으로 순이익만큼 세금이 부과되므로 이중과세는 아닙니다. 세무조정계산서에도 따로 수정 항목이 없이 반영되며, 회계의 기본 원칙에 따라 처리하면 됩니다.

3. 전략적 활용: 장기근속 유도와 재무안정화의 두 마리 토끼

박 대표님은 단순히 장려금을 받는 데 그치지 않고, 이를 조직관리와 재무전략에 활용하기로 마음먹었습니다. 직원 3명에게 각각 100만 원씩 총 300만 원을 '장기근속 격려금'을 인센티브로 제공하고, 나머지 1,800만 원은 회사의 현금 유보금으로 별도 관리하기로 했습니다.

이 방식은 회사에 여러 가지 긍정적인 효과를 가져다줬습니다. 직원들에게는 "회사가 나를 인정해 주는구나"라는 신뢰를 심어주었고, 재무팀 입장에서는 외부 수입으로 생긴 현금을 바로 소비하지 않고 안정적으로 관리할 수 있게 된 것입니다.

고용장려금을 전략적으로 활용하면 단기적인 '소득'이 아닌 인적자원 투자이자 경영 안정 자금으로서 역할을 할 수 있습니다. 단순히 '받고 끝내는 돈'이 아니라 '잘 쓰면 남는 돈'인 것입니다.

정리하자면, 고용장려금은 비과세가 아닌 익금으로, 수익으로 회계처리 해야 합니다. 이는 추가적인 과세처럼 느껴지지만 이미 손금 처리된 인건비와 상계되므로, 실질적으로는 세금 증가 효과가 제한적입니다. 또한 고용장려금을 인사 전략과 재무 안정화에 적극 활용하면 '받고 끝나는 돈'이 아닌 우리 회사의 성장 자산이 됩니다.

노세부부의 쏠쏠한 정리

- 고용장려금은 받으면 기분 좋은 지원금이지만, 신청 전 준비와 사후관리까지 꼼꼼해야 안전하게 유지할 수 있습니다.
- 회계상으로는 수익으로 처리되지만 이미 비용 처리된 인건비와 상계되어 세금 부담은 크지 않아요.
- 고용장려금을 단순히 받는 것으로 끝내지 말고, 인사·재무 전략으로 연결하세요.

03 들어올 땐 마음대로 들어와도, 나갈 땐 마음대로 못 나간다
통합고용세액공제

"직원 수가 줄지 않았는데,
왜 세액공제가 깎인 거죠?"

수도권에서 금속부품 제조업을 운영하는 이성진 대표님(45세)은 20여 명의 직원을 두고, 매년 신규 고용과 정규직 전환을 통해 고용증대 세액공제를 잘 활용해 왔습니다. 2023년에는 계약직 1명을 정규직으로 전환하고, 주말 오전 아르바이트생도 1명 고용했고, 육아휴직 후 복귀한 직원도 있었습니다.

"올해도 세액공제 받을 줄 알았는데, 국세청에서 추징 고지서가 왔어요!"

이 대표님은 혼란스러웠습니다.

"그럴 바엔 애초에 공제 신청을 안 했더라면 더 나았던 건 아닐까요?"

> 노무사 솔루션

1. 정규직 계약서가 없으면, 세액공제도 날아갑니다

　대표님, 계약직 직원을 정규직으로 전환하셨다면, 혹시 근로계약서도 새로 쓰셨나요?
　통합고용세액공제를 받으려면 '기간의 정함이 없는 근로자'로 인정받아야 합니다. 그런데 위 사례의 이 대표님처럼 계약직 계약서만 있고, 정규직 전환 시에는 별도 계약서를 안 쓰는 경우가 의외로 많습니다. 이 경우 국세청은 해당 인원을 '정규직'으로 인정하지 않고 세액공제를 부인할 수 있습니다.
　실제로 정규직 인정 요건을 갖추려면, 첫 계약서에 '정규직 전환 예정'이라는 문구와 전환 시기가 명확히 들어가야 합니다. 그리고 전환 시점에는 무기계약서로 다시 작성해야 인정됩니다. 그냥 전에 썼던 근로계약서로 대충 하려고 했다가 몇 백만 원의 세액공제를 받지 못할 수 있습니다. 정규직 전환은 '계약서'로 증명됩니다. 반드시 새로 작성해서 교부하시고 보관하셔야 합니다.

2. 4대보험 미가입자는 인정되지 않습니다

　통합고용세액공제를 받기 위해서는 4대보험 가입 여부가 매우 중요합니다. 세법상 상시근로자로 인정되기 위해서는 4대보험에 가입되어 있어야 인정이 됩니다.

실무를 하다 보면 월 소정근로시간이 60시간 미만인 초단시간근로자를 많이 고용합니다. 초단시간근로자는 국민연금과 건강보험은 가입대상에서 제외되고, 통합고용세액공제대상에서도 제외됩니다(「조세특례제한법 시행령」 제26조의8제2항). 또한 출산전후휴가 중인 근로자는 통합고용세액공제대상에 포함되지만, 육아휴직을 하고 있는 근로자는 포함되지 않습니다.

따라서 통합고용세액공제를 받고 있거나 받을 예정이라면 근로계약서와 4대보험 가입자 명단을 모두 확인하고, 이후에도 체계적으로 관리해야 합니다.

특히 휴직 후 복직한 직원이 있거나, 계약직을 정규직으로 바꾼 경우엔 더 주의해야 합니다.

3. 퇴직일 하루 차이로 수백만 원이 추징될 수 있습니다

사례를 살펴보니 이 대표님 회사에서 퇴사를 한 직원이 연말 전에 퇴사를 한 것 같습니다. 고용증대세액공제는 월말 기준 상시근로자 수 증가 여부를 따지기 때문에, 12월에 퇴직자가 많으면 세액공제 혜택을 몽땅 반납해야 할 수도 있습니다.

예를 들어 보겠습니다. 연말에 직원이 2명 퇴사를 하게 되는 경우, 퇴사일이 12월 29일이면 12월 말 기준 상시근로자 수가 줄어든 것으로 계산됩니다. 이 경우 고용유지 조건이 깨져 세액공제를 못 받을 수 있고, 이미 받은 공제를 추징당할 수도 있습니다.

하지만 퇴사일을 1월 10일로 조정하면 어떻게 될까요? 상시근로자 수는 그대로 유지되며, 공제 요건도 지켜집니다. 회사와 직원 간 상호 협의로 일정 조정이 가능한 경우에는 전략적으로 연말 이후로 설정하는 것이 바람직합니다.

또한 퇴사자에 대해서는 사직서, 면담기록 등을 보관하여 고용유지 불가 사유를 입증해 두는 것도 좋습니다. 그래야 국세청이 추징할 때 납득 가능한 근거를 제시할 수 있습니다.

세무사 솔루션

1. 법적 근거 및 의의

통합고용세액공제는 「조세특례제한법」 제29조의8 및 동법 시행령 제26조의8을 근거로 2023년부터 시행되는 제도로, 기존의 고용 관련 세액공제를 하나로 통합해 실효성을 높이기 위해 도입되었습니다. 이전에는 고용증대세액공제, 사회보험료 세액공제, 정규직전환 세액공제, 육아휴직 복귀자 세액공제 등 여러 가지로 나뉘어 있어 기업들이 요건을 확인하고 적용 여부를 판단하는 데 큰 혼란을 겪어 왔습니다.

통합고용세액공제는 단순히 고용 인원수만 늘리는 방식이 아닌, 상시근로자의 '순증가'와 '1년 이상 고용 유지', '4대보험 정상가입'이라는 세 가지 요건을 중심으로 세액공제를 제공합니다. 공제금액은 기업 규모 및 고용 형태에 따라 차등 적용됩니다. 수도권 소재 중소기업의 경우 청년 근로자 고용 시 1인당 1,450만 원까지 공제가 가능하며, 이는 과거 고용증대세액공제의 최고 금액보다 상향된 수준입니다. 따라서 기업 입장에서는 인건비 증가에 따른 부담을 완화하면서도, 실질적인 법인세 또는 종합소득세 절감을 기대할 수 있습니다.

또한 3년간 고용이 유지 또는 순증하였다면, 과거의 공제액 정도를 추가로 받는 누적적인 개념으로 계산되기 때문에 어마어마한 세액을 공제할 수 있게 됩니다. 특히 법인중소기업이 조건을 충족한 경우라면 최저한세를 고려하더라도 대부분의 세금을 공제받을 수 있을 정도로 파급력이 매우 큽니다.

2. 요건, 필수자료, 공제효과, 이월공제

1) 요건

통합고용세액공제를 적용받기 위해서는 몇 가지 명확한 요건을 충족해야 합니다.

첫째, 전년도 대비 상시근로자가 순증해야 하며, 퇴사자 포함 실질 증가 인원을 기준으로 계산합니다.

둘째, 해당 근로자는 국민연금과 건강보험에 가입되어 있어야 하고, 원칙적으로 1년 이상 고용이 유지되어야 합니다. 단, 기간 정함 없는 정규직으로 채용하였으나 근무기간이 1년 미만인 경우는 실제 근무기간에 따라 일부 공제가 가능할 수 있습니다.

셋째, 주점업, 유흥업 등 일부 소비성 서비스업을 제외한 모든 기업에 적용할 수 있습니다.

2) 필수자료

실무에서는 근로계약서, 급여대장, 4대보험 취득이력, 원천징수이행상황신고서, 근로소득지급명세서 등 각종 증빙자료의 정합성을 확보해야 합니다. 특히 국세청과 4대보험공단 간 자료 연계가 자동화되어 있기 때문에 서류 간 모순이 없도록 주의해야 합니다.

3) 공제효과

공제금액은 수도권 소재 중소기업의 경우 일반 상시 근로자 고용 시 1인당 850만 원, 청년 등 고용 시 1인당 1,450만 원입니다. 비수도권의 경우에는 950만 원, 1,550만 원으로 1인당 각각 100만 원씩 추가로 공제가 가능합니다.

예를 들어 수도권 소재 중소기업이 청년 등 근로자 3명을 1년간 고용하고 4대보험에 정상 가입시켰다면 최대 4,350만 원의 공제를 받을 수 있으며, 이는 세액공제로서 실질적으로 법인세 및 종합소득세를 대부분을 상쇄할 수 있는 규모입니다.

4) 이월공제

공제대상 공제액은 산출세액의 크기, 최저한세적용 등으로 매년 전부 공제되지는 않습니다. 그렇기 때문에 공제 후 남은 공제액은 10년간 이월공제가 허용됩니다. 이월공제를 잘 활용하면, 당기에는 이익이 적더라도 향후 수익 증가 시 세액절감 효과를 극대화할 수 있습니다. 단, 최저한세 적용 대상 공제이므로 공제가능 세액 한도에 주의해야 하며, 이월공제는 매년 누적관리와 함께 신고 시 반드시 반영되어야 합니다.

3. 추징 및 관리

앞서 설명드린 대로 고용이 유지 또는 순증의 경우 3년간 누적하여 공제가 가능하지만, 공제를 받았더라도 일정 기간이 지나 요건이 충족되지 않으면 해당 금액은 추징될 수 있습니다. 추징이 되는 가장 대표적인 사례는 '상시근로자 수의 감소'입니다. 예를 들어, 2024년 귀속 세액공제를 받고 2025년 초에 해당 근로자가 퇴사해 상시근로자가 감소하면, 해당 연도 공제는 전액 추징될 수 있습니다. 이는 공제 신청 당시 요건 충족 여부가 아니라 공제 이후 1년 이상 고용이 유지되었는지 여부가 실질 판단 기준이기 때문입니다.

또한 국민연금이나 건강보험 미가입, 허위 근로계약, 일용직을 정규직으로 위장한 사례 등도 AI 기반 자료 분석을 통해 국세청에서 자동 추징 처리됩니다. 국세청은 근로복지공단과의 데이터 연계를 통해 매년 상시근로자 증감과 4대보험 가입상태를 실시간으로 검증하고 있으며, 의심 건에 대해서는 세무조사 등의 형태로 직접 추징을 진행합니다.

추징 대상이 되면 수정신고를 유도받거나, 직접 경정처분이 내려지기도 합니다. 이를 방지하기 위해서는 실무적으로 채용 단계부터 '공제대상자'인지 판단을 하고, 주 15시간 이상 근무, 4대보험 가입 가능

여부, 근로계약서 정비 등을 철저히 준비해야 합니다. 또한 공제대상자를 별도로 관리해 고용유지 여부를 월 단위로 점검하고, 퇴사 시 공제 조건을 즉시 재확인하여 미리 정정신고 하는 체계를 갖추는 것이 좋습니다.

결론적으로, 현재까지의 통합고용세액공제는 그 혜택이 크지만 철저한 관리가 없다면 추징으로 되돌아올 수 있는 '양날의 검'입니다. 고용확대와 고용안정을 동시에 유도하려는 이 제도의 취지를 잘 이해하고, 형식적 충족이 아닌 실질적인 유지관리와 증빙자료 확보에 중점을 두어야 진정한 절세 효과를 누릴 수 있습니다. 통합고용세액공제는 "사후관리까지 감안한 전략적 인사·회계 운영"이 가능한 기업만이 제대로 활용할 수 있는 제도라 할 수 있습니다.

[2025년 세법개정안] 2025년 7월 31일 발표

'26.1.1. 이후 개시하는 과세연도를 최초 공제연도로 하여 통합고용세액공제를 신청하는 분부터 적용합니다.

과거에는 고용 감소 시 공제 전액 추징하였으나, 추징 부분을 없애고, 고용 유지 시 제2·3년 차에 더 큰 공제 적용하며, 일부 고용 감소 시에도 유지된 고용분에 대해선 공제 유지하는 것으로 확정·발표했습니다.

노세부부의 쏠쏠한 정리

- 통합고용세액공제는 직원 수만 늘린다고 되는 것이 아닙니다.
- 정규직 계약서, 4대보험 가입, 퇴사 시기까지 꼼꼼히 관리해야 공제를 지킬 수 있습니다.
- 고용유지가 되지 않는 잦은 입퇴사는 수백만 원의 추징으로 돌아올 수 있습니다.

6장

사업을 하다 보면 비로소 보이는 것들

- 꼭 마주치게 되는 마지막 단계의 세무·노무 실무

01 법인전환! 겁낼 건 없고, 챙길 건 많다
법인전환의 세무·노무

"법인으로 바꾸면 세금도 아끼고,
회사가 훨씬 체계적이고 안전해진다는 거죠?"

유진(만 39세) 대표님은 카페를 3년째 운영해 오고 있습니다. 매출은 약 5억 원, 순이익은 1억 5천만 원에 달합니다. 거래처도 늘고 직원도 5명으로 확대되었지만, 직원 급여는 대부분 구두로만 정했습니다. 간혹 필요할 때만 간단하게 표준근로계약서로 작성하곤 했습니다. 하지만 유진 대표님도 늘 마음 한편이 불안했습니다.

"이렇게 해도 되나? 나중에 문제 생기면 어쩌지…."

정리하고 싶다는 생각은 늘 있었지만, 매장 운영이 바쁘다 보니 계속 뒤로 미뤄졌습니다. 그러던 중 세무사가 유 대표님의 세금을 걱정하며 조언을 건넸습니다.

"대표님, 매출 규모에 비해 세금이 너무 많이 나옵니다. 이제 법인으로 전환하셔야 합니다."

결국 법인전환을 결심한 유 대표님은 노무사 상담을 통해 근로계약서, 급여 항목, 4대보험까지 새로 정비해야 한다는 사실을 깨달았습니다.

"직원은 그대로인데… 정말 이걸 다 바꿔야 하나?" 처음엔 막막했지만, 곧 깨달았습니다.

"어차피 언젠가는 정리해야 할 일들이야. 이번 기회에 깔끔하게 시작하자."

세무사 솔루션

1. 개인사업자의 한계
   - "성장할수록 커지는 세금과 관리의 부담"

개인사업자, 처음엔 편했는데, 왜 점점 버겁게 느껴질까요?

개인사업자는 시작은 간단하지만, 커질수록 세금과 책임에서 한계를 드러냅니다. 개인사업자의 한계는 크게 5가지 정도가 있습니다.

① 세율의 벽: 개인사업자는 「소득세법」에 따라 누진세율(6~45%)이 적용됩니다. 순이익이 1억 원을 넘기 시작하면 35% 이상의 세율 부담을 체감하게 됩니다. 반면 법인은 순이익 2억까지는 9%, 최고세율은 24%로 개인보다 저율로 과세되어 세금계획 수립이 용이합니다.

② 비용처리 한계: 개인사업자의 대표자는 '자기 자신'이므로 대표 급여를 비용으로 처리할 수 없습니다. 또한 업무추진비, 접대비,

복리후생비의 비용 인정 범위도 좁고, 업무용 차량에 대한 감가상각 및 유류비 인정도 제한적입니다.

③ 대표자 퇴직금 미설계: 개인사업자는 퇴직 개념이 없어 퇴직금을 비용화할 수 없습니다. 반면, 법인은 정관과 퇴직급여규정을 통해 대표자도 '퇴직금'을 손금처리 할 수 있습니다. 이는 고소득 대표에게 중요한 세후 자산 설계 수단이 됩니다.

④ 경영인정기보험 비용처리 불가: 개인사업자는 종신보험, 정기보험 등 경영위험에 대비한 보험가입 시 비용처리가 되지 않지만, 법인은 대표이사 사망 시 회사의 손실보전을 목적으로 경영인정기보험을 가입하면 전액 손금으로 처리할 수 있습니다.

⑤ 배당 활용 제약: 개인사업자는 이익이 곧바로 대표자의 소득이 되어 종합소득세 과세 대상이 되므로, 유보 없이 즉시 과세되는 구조입니다. 반면, 법인은 이익을 유보해 두었다가 대표자나 주주에게 배당금 형태로 분배할 수 있어 자금 활용이 유연합니다.

2. 법인전환이 좋은 시기 - "사업 성장이 곧 절세 타이밍이다"

그렇다면, 언제 법인으로 전환하는 것이 유리할까요? 다음 기준을 참고하시면 판단에 도움이 됩니다.

① 순이익이 5천만 원 이상 발생: 종합소득세 구간이 24% 이상으로 진입하는 경우, 법인세율 9% 대비 과세 차익이 크게 발생합니다.

단순 세율만 비교해도 연간 수백만~수천만 원 절세 효과가 생깁니다.

② 가업승계의 경우: 「조세특례제한법」 제30조의6에 명시된 대표적인 가업승계에 관한 법령인 가업의 승계에 대한 증여세 과세특례의 경우에 승계의 목적으로 증여세 특례를 부여하는 대상은 주식 등이므로 개인사업자는 해당되지 않습니다.

③ 신규 투자나 차입이 필요한 경우: 법인은 외부투자, 금융기관 대출, 신용관리 등에서 신뢰성과 구조적 장점이 있습니다. 법인 계좌, 법인카드, 사업용 차량 등 자산과 비용을 분리해 신용도 관리도 유리합니다.

④ 영업권이 형성되는 경우: 개인에서 법인으로 전환 시 성업하는 상가의 권리금처럼 개인 사업체의 영업권을 평가하여 법인에 매도할 수 있습니다. 상증법상 비상장주식평가를 통해 계산된 영업권을 매도한 개인에게는 법인전환 시 딱 한 번 필요경비 60%를 적용받아 적은 세금으로 큰 소득을 벌어들일 수 있는 기회가 됩니다. 영업권을 매수한 법인의 경우 무형자산으로서 5년간 감가상각을 통해 비용처리가 가능합니다.

⑤ 대표 퇴직금이나 경영위험 대비 보험을 고려하는 경우: 앞서 언급했듯, 퇴직금 손금처리, 경영인정기보험, 퇴직연금제도 등 다양한 자산관리 수단이 법인에 적합합니다.

3. 법인전환의 종류와 장단점 - "같은 전환, 다른 전략"

법인전환 하기로 결심을 했다면 구체적인 방법을 선택해야 합니다. 일반 포괄양수도, 세감면, 현물출자 등 각 방식마다 서로 다른 장단점이 있습니다.

① 일반 포괄양수도 법인전환: 일반 포괄양수도 법인전환은 개인 사업장의 권리와 의무를 법인에게 포괄적으로 양수도하는 것입니다. 등기를 필요로 하는 부동산이나 기계장치는 없지만 재고 자산이나 사업용 자산이 많거나 매출이나 손익이 어느 정도 있어 영업권을 평가해 볼 수 있는 경우에 이 방법을 활용합니다.

② 세감면 포괄양수도 법인전환: 세감면 포괄양수도 법인전환은 부동산이나 등기 대상의 자산 등이 있는 경우입니다. 또는 개인사업장에 적용받고 있는 잔여 감면기간이 있는 특정 세액감면을 받고 계신 경우 이 세액감면 혜택을 승계받고자 할 때 사용하는 방법입니다.

개인사업장의 권리와 의무를 법인에 포괄적으로 양수도한다는 개념은 일반 포괄양수도 법인전환과 동일하지만 세액감면 및 세제혜택을 유지하기 위해 세법에 정해진 요건(순자산, 전환기한 등)을 반드시 준수해야 한다는 점에서 차이가 있습니다. 혹시라도 요건을 지키지 못해 혜택을 받지 못하는 불상사를 막기 위해 요건을 사전에 정확하게 인지하고 진행하셔야 합니다.

③ 현물출자 법인전환: 법인을 설립할 때 보통은 현금을 출자하지만, 현물출자 방식은 부동산이나 기계장치 같은 자산을 현금 대신 출자하는 방법입니다. 부동산을 법인 명의로 이전한다는 점에서는 포괄양수도와 유사하지만, 절차는 「상법」상 현물출자 심사와 법원검사인 제도를 거쳐야 하므로 별도로 구분됩니다. 세감면 혜택을 받기 위해서는 세법상 요건(사업 동일성, 순자산 양수, 주식대가 지급 등)을 충족해야 하며, 현물출자 시에도 자본금 충족과 채무승계 요건 때문에 일정 수준의 현금 출자가 필요할 수 있습니다.

현물출자는 특히 현금이 부족하거나, 사업 운영상 반드시 필요한 부동산·제조시설을 직접 법인 명의로 귀속시켜야 하는 경우에 활용됩니다. 절차는 다소 복잡하지만, 일정 요건을 충족하면 양도소득세 이월과세 적용이 가능하다는 장점이 있습니다.

4. 법인전환 후 법인 운영 및 장점
   - "이제는 대표가 아닌 법인의 시대"

이후 법인으로 전환한 지 2년째 되는 유진 대표님(41세). 처음엔 법인 운영이 낯설었지만, 이제는 법인의 장점을 몸소 느끼고 있습니다. 세금 구조가 체계적으로 잡히면서 예측 가능해졌고, 법인 신용도가 올라가 가맹점 확대까지 가능해졌습니다.

"이전보다 세금 관리가 훨씬 수월해졌어요. 무엇보다 퇴직금을 법인

비용으로 준비할 수 있으니, 은퇴 후가 든든해졌습니다."

이에 세무사는 앞으로의 과제도 함께 이야기했습니다.

"대표님, 지금부터는 자녀에게 경영을 물려주는 계획도 세워보셔야 합니다. 가업승계증여특례도 고려해 보세요."

가업승계증여특례 같은 세제 혜택은 개인사업자에게는 적용되지 않는, 법인만의 장점입니다. 이처럼 개인사업자의 한계는 법인전환한 뒤 오히려 기회가 됩니다. 이하에서는 법인의 주요 장점을 살펴보겠습니다.

① 대표자 급여·퇴직금의 손금처리 가능: 대표는 급여, 상여, 퇴직금 등 회사에서 받는 보수가 모두 손금처리 대상입니다. 특히 정관 및 규약에 따른 대표 퇴직금은 고액이라도 손금 인정되며, 세후 자산 설계에도 유리합니다.
② 비용의 명확한 인정범위: 법인은 접대비, 업무추진비, 차량 유지비, 보험료(경영인정기보험) 등을 명확한 기준에 따라 비용처리할 수 있습니다. 이는 곧 법인세 절감과 자금 유보로 이어집니다.
③ 자녀와의 공동경영, 주식 이전 가능: 법인은 주식 구조를 통해 지분을 분할하거나 자녀와 공동대표 체제를 만들 수 있습니다. 이를 통해 '지배권 유지 + 세대 이전'이 동시에 가능합니다.
④ 가업승계증여특례 활용 가능: 「조세특례제한법」 제30조의6에 따라, 일정 요건을 갖춘 중소기업의 경우 자녀에게 주식을 증여

시 10억 원을 공제 후 120억 원까지는 10%의 세율로 증여할 수 있습니다. 통상 30억 원 초과 시 50%의 세율을 적용하는 증여세 구조상 이는 상속 전 지분을 굉장히 낮은 세율로 자녀에게 이전시킬 수 있다는 장점이 있지만 필요조건과 유지조건 등이 요구되므로 사전설계는 필수입니다.

노무사 솔루션

1. 근로계약서를 '다시' 써야 하는 이유

법인전환을 하게 되면 기존 직원들과 새로운 근로계약서를 작성해야 합니다. 그 이유는 간단합니다. 개인사업자와 법인은 법적으로 전혀 다른 고용주이기 때문입니다. 직원 입장에서는 계속 같은 곳에서 일하고 있지만, 법적으로는 이전 개인사업자에서 법인사업자로 '신규 입사'에 한 것입니다.

이때 중요한 건 '근속기간을 승계할지 여부'입니다. 승계한다면 퇴직금, 연차일수, 해고예고기간 산정 등에서 불이익이 없도록 계약서에 "근속기간은 ○○년 ○○월부터 기산함" 등의 문구를 명시해 주어야 합니다. 만약 승계하지 않는다면, 전환 시점에서 퇴직금 정산이 필요하고, 이 역시 서면 동의를 받아 두는 것이 안전합니다.

많은 대표님들이 이 부분을 놓쳐서 나중에 퇴직금 분쟁으로 이어지곤 합니다. 퇴직금뿐만 아니라 퇴사 후 실업급여, 건강보험 자격 산정 등에서도 근속기간 인정 여부가 중요한 쟁점이 되기 때문에, 법인전환 시 법인에 맞게 근로계약서를 재작성해야 합니다.

2. 직원은 그대로이지만, 4대보험 '신규 사업장'입니다

법인전환은 단순한 회사명칭 변경이 아닙니다. 4대보험 담당기관(고용·산재·국민연금·건강보험)에서는 완전히 새로운 사업장의 설립으로 보기 때문에, 각 기관에 '사업장 성립신고'와 '피보험자격취득신고'를 반드시 해야 합니다.

기존 사업자는 '폐지신고'를 통해 정리해야 하며, 이를 제때 하지 않으면 보험료 이중 납부, 자격 중복, 과태료 부과 등 문제가 생깁니다. 실제 실무에서도 이런 신고를 누락하거나, 직원 취득신고를 빠뜨리는 실수가 종종 발생합니다. 따라서 처음부터 정확히 신고 절차를 제대로 진행하는 것이 중요합니다. 그래야 과태료나 추가 보험료 부담을 막을 수 있습니다.

3. 법인전환은 급여구조를 정비할 절호의 기회입니다

법인전환은 대표님이 그동안 미뤄왔던 급여 항목 구성과 체계 정비를 제대로 할 수 있는 기회입니다.

유진 대표님처럼 개인사업자일 때 미처 신경 쓰지 못했던 노무이슈들 많을 겁니다. 하지만 법인전환을 하게 되면 우리 회사의 전반적인 인사·노무관리를 점검하고 부족한 부분들은 다시 정비할 수 있습니다.

특히 급여설계는 다른 노무이슈들보다 더 중요합니다. 급여구조가 곧 퇴직금, 수당, 4대보험, 세금의 기준이 되기 때문입니다. 따라서 잘 세팅된 급여설계를 통해 통상임금 문제, 임금체불, 과태료부과 등의 리스크를 줄일 수 있습니다.

법인전환의 시점은 우리 회사의 급여관리 체계를 다시 점검해 보고 노무리스크를 예방하는 중요한 타이밍입니다.

노세부부의 쏠쏠한 정리

- 법인전환은 세금만 줄이는 것이 아니라, 대표님의 퇴직금 설계와 비용 처리까지 훨씬 유연해집니다.
- 법인전환은 그동안 미뤄왔던 근로계약서와 4대보험, 급여체계를 정비할 수 있는 좋은 기회가 됩니다.
- 법인전환을 계기로 세금·노무를 한 번에 깔끔하게 정리하면, 이후 운영은 훨씬 편안해질 거예요.

02 장부는 국세청, 사람은 노동청
세무조사 VS 근로감독

"지난달엔 세무서에서 전화 오더니
이번엔 노동청에서 나온다네요?"

소규모 제조업을 운영하는 최성호 대표님(45세)은 혼란스러웠습니다. 안 그래도 세무조사를 받고 있는데, 근로감독은 뭐가 다른 건지 감이 안 잡힙니다.

"혹시 세무조사처럼 장부만 잘 맞으면 되는 건가요? 직원들 출근기록이나 연차 같은 것도 보나요?"

서로 다른 기관에서 온다고 하니 걱정은 커지고, 대체 뭘 준비해야 하는지 막막해졌습니다.

"세무조사랑 근로감독, 어떻게 대응해야 하나요?"

노무사 솔루션: 근로감독이란 무엇인가요?

1. 근로감독

근로감독은 고용노동부 소속 근로감독관이 사업장을 방문하여 노동관계법(「근로기준법」, 「최저임금법」, 「산업안전보건법」 등)의 준수 여부를 점검하고 시정을 요구하는 행정조사입니다.

근로감독을 하는 이유는 근로자의 권익을 보호하는 것이 가장 큰 목적이고, 동시에 사업주가 법을 잘 모르고 위반한 경우에는 시정기회를 먼저 부여하는 예방적 기능도 함께합니다.

근로감독을 하러 나오는 근로감독관은 고용노동부에 배치되어 노동관계법령의 집행 업무를 담당하는 공무원입니다. 사업장 점검 및 위반 사항 확인, 시정 지시 및 행정처분, 사법처리 등 전반적인 근로감독 업무를 수행합니다.

2. 어떤 경우에 나오나요? (근로감독의 유형)

유형	설명
정기감독	고용부가 정기적으로 실시(매년 업종별, 지역별 순차 실시)
수시감독	민원(진정/고소), 언론보도, 타 기관 통보로 인해 실시
특별감독	산재사고, 중대재해 등 중대한 사건 발생 시 전방위 점검

정기감독은 매년 고용노동부의 종합계획에 따라 실시되는 감독으로, 일정 규모 이상의 기업이나 특정 취약업종을 대상으로 진행합니다.

수시감독은 노동법 위반 의심이 있거나 신고·청원이 들어온 사업장 등 별도의 계획에 따라 필요한 경우 실시하는 감독입니다.

특별감독은 사회적으로 물의를 일으키거나 위법 사항이 중대한 사업장에 대해 집중적으로 실시하는 감독입니다.

3. 근로감독은 어떤 절차로 진행되나요?

대부분 고용노동부에서 사업장에 '근로감독 실시 안내 공문'을 송달합니다. 다만 근로감독 유형에 따라 사전 연락 없이 방문하기도 합니다.

근로감독 절차를 간단하게 정리하면 다음과 같습니다.

> **근로감독 절차**
> 필요 서류 제출 요구 → 서면검토 → 현장조사(출근부, 급여대장, 계약서 등 확인) → 시정지시서 교부 → 기한 내 시정 여부 확인 → 미이행 시 과태료나 사법처리

4. 근로감독 시 자주 확인하는 핵심 항목

근로감독에서 가장 많이 점검하는 항목들입니다. 위반 시 시정지시가 나가고, 반복되거나 고의성이 있다면 형사처벌 또는 과태료 처분이 이어집니다.

- 근로계약서 미작성 또는 서식 불완전
- 최저임금 위반, 연장·야간·휴일수당 미지급
- 주휴수당 미지급
- 연차수당 미지급
- 퇴직금 누락
- 4대보험 미가입
- 직장 내 괴롭힘 미조치
- 고용형태 오분류(프리랜서/일용직 오용)
- 여성·청소년 근로 보호 미준수

5. 대표님이 꼭 알아야 할 3가지 포인트

① 근로감독은 예방이 최선입니다. 무작정 버티거나 숨기기보다는, 점검 항목을 미리 점검하고 자체 진단을 하는 것이 필요합니다.

② 대부분의 위반은 '몰랐기 때문'입니다. 실제로 대표님들도 "정말 몰랐다"라고 말씀하십니다. 하지만 법은 '모른다'고 봐주지 않습니다.

③ 근로감독은 곧 '문서의 싸움'입니다. 제가 앞서 1장부터 계속 말씀드린 내용입니다. 서류로 남겨놔야 합니다. 근로계약서, 임금대장, 출퇴근기록이 모두 정리되어 있어야 '입증'이 되기 때문입니다.

6. 근로감독 이후 발생하는 일

근로감독은 대부분 시정조치 후 확인서를 제출하면 종결됩니다. 다만, 시정조치가 내려졌음에도 이행하지 않거나 또는 중대한 위반일 경우에는 검찰 송치 후 벌금 또는 형사처벌까지 이어질 수 있습니다. 특히 임금체불은 형사처벌 대상이며, 민사 소송으로 번질 위험도 있습니다. 따라서 시정사항은 미루지 말고 바로 처리하는 것이 좋습니다.

7. 근로감독 대응방법

첫째, 필요한 서류들을 일목요연하게 준비를 한 뒤, 담당 근로감독관과 정중하게 소통해야 합니다.

둘째, 그 외 추가로 서류제출 요구가 있다면 가능한 범위 내에서 성실히 자료를 제출합니다. 미흡한 부분은 보완 계획을 함께 설명하는 것도 좋습니다.

셋째, 이후 시정지시사항에 대해 최우선순위로 놓고 이행합니다.

근로감독은 단순 점검이 아닙니다. 제대로 관리하지 않았다면 법 위반으로 과태료·형사처벌까지 이어질 수 있는 '기업 리스크'입니다. 노무관리를 통해 근로계약·임금·4대보험 등 사전 점검 및 예방을 통해 리스크를 줄이는 것이 중요합니다.

> 세무사 솔루션

1. 세무조사의 정의 및 관계법령

소규모 제조업을 운영하는 최성호 대표님(45세)은 어느 날 갑작스럽게 국세청으로부터 한 통의 전화를 받습니다.

"정기 세무조사 대상자로 선정되었습니다."

평소 꼼꼼하게 신고를 해왔기에 당황한 최 대표님은 등기로 도착한 사전통지문을 펼쳐 봅니다. 문서에는 이렇게 적혀 있었습니다.

"귀사는 「국세기본법」 제81조의4에 따라 정기 세무조사를 실시할 예정입니다."

최 대표님처럼 많은 사업자들이 세무조사를 단순한 감사로 오해하곤 하지만 세무조사는 납세자의 세무신고의 진정성과 적정성을 검증하는 행정행위입니다.

세무조사의 목적은 크게 4가지입니다.

첫째, 자진신고제도의 보완입니다. 국세 시스템은 기본적으로 납세자가 스스로 신고·납부하도록 운영되므로, 그 신고의 진실성을 확인하는 절차가 필요합니다.

둘째, 누락되거나 탈루된 세원을 찾아내기 위한 점검 기능이 있습니다.

셋째, 전체적인 세수의 안정적인 확보를 위한 세원 관리 목적도 있습니다.

마지막으로, 모든 납세자에게 공정한 과세를 적용하기 위한 감시 역할을 합니다.

세무조사는 시작에 앞서 납세자에게 사전통지서(또는 사전조사예고문)를 통해 조사일정, 조사대상 세목, 조사기간, 조사 유형(정기 또는 비정기) 등을 사전에 안내해야 합니다. 이는 단순한 안내가 아니라, '납세자권리헌장'에 따른 권리 보장의 일환입니다. 납세자도 조사 전에 본인의 권리를 숙지하고 준비할 시간이 필요하기 때문입니다.

정리하자면, 세무조사통지를 받았다면 당황하지 말고 세무사와 상담을 통해 대응 전략을 세우는 것이 최우선입니다.

2. 세무조사 대상 및 기간

사실, 세무조사는 단순히 '실수했을 것 같다'는 감에 따라 이뤄지는 것이 아닙니다. 국세청은 고위험군 납세자를 선별하는 자체 데이터 시스템(빅데이터 및 AI 기반의 리스크 분석 모델)을 활용해 조사 대상을 정합니다.

조사는 크게 두 가지 유형으로 나뉩니다.
① 정기세무조사는 일정한 주기(3~5년 주기)로 순차적으로 사업장을 점검하는 시스템입니다. 따라서 성실한 납세자도 포함될 수 있습니다.
② 반면, 비정기세무조사는 탈세 혐의가 있는 사업자, 내부 고발, 고액 환급 등 특정 사유가 발생했을 때 즉시 착수되는 조사입니다. 특히 다음과 같은 경우는 '조사 레이더망'에 자주 포착됩니다.

- 법인세, 부가세 신고 누락률이 높거나 적자신고가 반복되는 경우
- 가족 간 자산 이전, 대표자 사적 사용 비용 처리, 비상식적 매출 누락
- 고가 차량이나 유형자산을 다수 취득한 경우
- 수년간 지속적으로 환급세액을 신청한 경우
- 대표자나 법인의 납세태도가 불성실하다고 평가되는 경우

한편, 조사기간은 상황에 따라 다릅니다. 통상적으로 개인이나 일반 중소기업은 약 10~20일, 대기업이나 다국적기업, 거래관계 복잡한 경우는 30~40일까지도 진행합니다. 부득이한 경우 조사기간을 연장하는 것도 가능하지만 「국세기본법」 제81조의8에 따라 반드시 서면으로 통지해야 합니다.

조사가 끝나면 납세자에게는 '조사결과통지서'가 발송되며, 이에 대해 납세자가 불복할 경우 이의신청, 심판 또는 심사청구, 행정소송 등의 절차도 밟을 수 있습니다.

3. 세무조사에 따른 제재

세무조사 결과는 단순한 세금추징에 그치지 않습니다. 신고불성실이나 자료미제출에 따라 다양한 제재가 따라오며, 그 수위는 상황에 따라 급격히 올라갑니다.

첫째, 과세처분입니다. 누락된 세금에 대해 '경정고지'를 통해 세액

을 추징하며, 생각보다 많은 세금이 추징됩니다.

예를 들어 세무조사를 통해 부가세 매입세액공제가 업무무관 또는 사적사용 등으로 부인된 경우에 부가세 및 가산세가 추징됩니다. 사적사용 또는 업무무관으로 확인된 매입세액에 해당하는 비용은 당연히 손금불산입 되며 그에 따른 법인세 및 가산세 추징됩니다. 또 사적사용의 주체가 법인대표자이거나 불분명한 경우에는 대표자 인정상여로 보아 소득세 및 가산세가 추가로 부과됩니다. 따라서 한 가지 세목에 대해 세무조사가 나왔더라도 파생되는 세목은 여러 가지일 수 있습니다.

둘째, 「조세범 처벌법」상 처벌입니다. 세금을 고의로 포탈한 경우(이중장부, 허위세금계산서, 명의위장 등)에는 형사처벌 대상이 되며, 벌금 또는 징역형이 부과될 수 있습니다.

셋째, 행정처분 및 불이익입니다. 5천만 원 이상 체납 시 출국금지 조치가 되거나, 관허사업 및 공공입찰 참여 제한, 금융기관 대출 및 신용등급 하락 등이 있습니다.

넷째, 타 기관 통보입니다. 세무조사에서 회계분식이나 범죄 정황이 확인될 경우 금융감독원, 검찰 등으로 사건이 이첩되며, 세무조사에서 시작해 형사사건으로 확대되는 사례도 적지 않습니다.

다섯째, 국세청 내부의 '납세태도 평가' 점수가 하락하면 향후 세무조사 우선대상으로 재선정될 확률이 올라갑니다.

따라서 평소 장부관리를 성실히 하며, 세무사와 함께 성실하게 세무조사에 임하는 것이 중요합니다.

4. 근로감독과의 차이 비교

세무조사와 근로감독은 전혀 다른 조사입니다. 주요 차이를 표로 먼저 정리하면 다음과 같습니다.

구분	세무조사	근로감독
주관 기관	국세청, 지방국세청	고용노동부 노동청
법적 근거	「국세기본법」 제81조의2~19	「근로기준법」 제101~106조
조사 대상	세금신고내역, 회계장부, 자금거래 등	근로계약서, 임금대장, 출퇴근 기록 등
목적	세금 탈루 여부 확인	「근로기준법」 등 노동법 위반 여부 점검
주요 위반 사례	매출누락, 비용과다계상 등	임금, 퇴직금 체불 등
제재	추징세액, 가산세, 고발	시정명령, 과태료, 형사처벌

세무조사는 '과세표준과 세액 산정의 적정성'을 따지는 조사이며, 세법 위반 여부가 초점입니다. 반면, 근로감독은 '근로자 보호'에 중점을 두고 있으며, 「근로기준법」, 「최저임금법」 등의 이행 여부를 점검합니다.

근로계약서·임금·연차 등 근로관계 전반을 조사합니다.

두 조사가 동시에 이뤄질 경우, 공통적으로 요구받는 자료(급여대장, 근로계약서 등)는 동일 기준으로 정비해 두는 것이 중요합니다. 특히 인건비는 세법상 비용이기도 하고, 「근로기준법」상 임금이 되기 때문에 세무사와 노무사가 협업해야 리스크를 줄일 수 있습니다.

노세부부의 쏠쏠한 정리

- 세무조사와 근로감독은 목적도, 확인하는 기준도 서로 다릅니다.
- 하지만 두 조사 모두 급여대장·근로계약서 등 인건비 자료를 집중적으로 보기 때문에, 미리 정리해 두면 불필요한 지적을 피할 수 있어요.
- 세무사와 노무사가 함께 점검하면, 조사도 한결 차분하고 체계적으로 대응할 수 있습니다.

부록1: 세무·노무 연간 주요 체크리스트

시기	세무 체크포인트	노무 체크포인트
1월	▪ 2기 부가가치세 확정신고 (과세 / 간이) ▪ 하반기지급 원천세(반기신고) ▪ 하반기 근로소득 간이지급명세서 제출	▪ 최저임금 적용(1.1.) ▪ 연차휴가 사용계획서 접수 ▪ 노사협의회 정기회의(1분기) 개최 ▪ 설날(휴일) 대책
2월	▪ 연말정산 ▪ 면세사업장현황신고 ▪ 지급명세서 제출	▪ 건강진단 실시계획서 작성
3월	▪ 지급명세서 제출 ▪ 법인세 신고 및 납부 (12월 결산 법인)	▪ 4대보험 보수총액신고 ▪ 임금인상 대책 ▪ 단체교섭 실시
4월	▪ 법인지방소득세 신고 및 납부 (12월 결산 법인) ▪ 1기 부가가치세 예정 신고 ▪ 성실신고확인대상법인 법인세 신고 및 납부 ▪ 공익법인 공시서류 제출	▪ 취업규칙 점검 ▪ 건강, 고용, 산재 연말정산 고지 및 보험료 징수 ▪ 노사협의회 정기회의(2분기) 개최 ▪ 단체협약 체결 및 신고
5월	▪ 종합소득세 신고 및 납부 (개인사업자)	▪ 근로자의 날 행사 ▪ 가정의 달 행사
6월	▪ 성실사업자 종합소득세신고 및 납부 ▪ 사업용계좌변경·추가신고	▪ 성실사업자 4대보험 보수총액 신고

시기	세무 체크포인트	노무 체크포인트
7월	▪ 1기 부가가치세 확정 신고 ▪ 상반기지급 원천세(반기신고) ▪ 상반기 근로소득 간이지급명세서 제출	▪ 연차휴가 사용계획서 접수 ▪ 연차촉진제도 1차실시 ▪ 국민연금 보험료 고지 ▪ 노사협의회 정기회의(3분기) 개최
8월	▪ 법인세 중간예납신고 (12월 결산 법인) ▪ 사업소분 주민세 신고 납부	▪ 여름휴가일정 대책
9월	▪ 재산세납부	▪ 정기근로감독 대비 ▪ 추석(휴일) 대책
10월	▪ 2기 부가가치세 예정 신고	▪ 노사협의회 정기회의(4분기) 개최 ▪ 연차촉진제도 2차실시
11월	▪ 소득세중간예납	▪ 계약직 갱신여부 결정 및 통보 ▪ 법정의무교육 이행여부 확인
12월	▪ 종합부동산세 고지, 신고·납부	▪ 잔여 연차유급휴가 임금대체 지급 ▪ 노사협의회개최 ▪ 연말(휴일) 대책
매월	▪ 월별 원천세 신고 ▪ 월별 지급명세서 제출 ▪ 종업원분 주민세(해당 시)	▪ 4대보험 취득·상실신고 ▪ 근로내용확인신고서 제출

부록2: 자주 묻는 세무노무 질문 BEST 30

Q1. 채용 시 고용형태를 잘못 신고하면 세금에도 영향이 있나요?

A. 정규직을 프리랜서로 잘못 신고하면 원천세와 4대보험료가 소급 부과되고 과태료가 발생할 수 있습니다. 실제 근무 형태가 계약서와 다르면 노동법·세법 모두에서 허위신고로 간주되어 제재가 강화됩니다.

Q2. 채용 시 업체에 지급한 채용 대행 수수료는 비용처리 되나요?

A. 근로자 채용과 직접적으로 관련된 경우 지급수수료나 복리후생비로 비용 인정이 가능합니다. 단, 개인적 목적의 지급이면 세무상 부인될 수 있습니다.

Q3. 근로자 외 가족에게 장학금 지급 시 세법·노동법상 문제는?

A. 가족 장학금은 사규나 이사회 의결에 근거해야 하며, 원칙적으로 근로소득 과세 대상입니다. 비과세 요건을 충족하지 않으면 전액 과세되며, 차별 지급 시 노사 분쟁이 발생할 수 있습니다.

Q4. 출산휴가 급여를 회사가 일부 보전해 주면 과세되나요?
A. 정부에서 지급하는 출산휴가 급여는 비과세지만, 회사가 추가로 지급하는 보전금은 근로소득세 과세 대상입니다. 동일 조건 근로자에게 차별 없이 지급하고 사규나 급여규정에 근거를 두는 것이 안전합니다.

Q5. 근로계약서에 임금 구성(비과세·과세) 항목은 표기해야 하나요?
A. 네, 기본급·각종 수당·성과급 등 항목별로 과세/비과세 여부를 구분해 기재하는 것이 안전합니다. 비과세 수당은 세법상 인정 한도와 조건을 계약서에 명시해야 합니다.

Q6. 근무조건 변경 시 세무·노무 모두 신고가 필요한가요?
A. 근로시간, 임금 등 주요 근무조건이 바뀌면 근로계약서를 재작성·교부해야 합니다. 변경 사항에 맞게 급여대장을 수정하고, 급여명세서와 원천세 신고에도 반영해야 합니다.

Q7. 근로계약서상 지급내역과 실제 세무장부 불일치 시 문제는?
A. 근로계약서와 세무신고 내용이 다르면 임금체불 진정이나 세무조사에서 탈세 의심을 받을 수 있습니다. 모든 급여 증빙과 신고 내역을 일치시키는 것이 안전합니다.

Q8. 상여금·성과급은 원천징수 대상인가요?

A. 네, 상여금과 성과급은 모두 근로소득에 해당하고 원천징수 대상입니다. 지급 시 임금대장과 원천세 신고에 반영해야 하며, 비과세 요건이 없는 한 전액 과세됩니다.

Q9. 상여금을 현물(상품권)으로 주면 세금이 붙나요?

A. 네, 시가로 평가해 근로소득세를 원천징수 해야 하며 지급명세서에도 반영해야 합니다. 노동법상 임금으로 간주되어 퇴직금·수당 산정 시 포함됩니다.

Q10. 자격증 수당은 세무상 비과세 가능한가요?

A. 아니요, 전액 근로소득세 과세 대상이며 급여명세서에 반영해야 합니다. 정기적·일률적으로 지급되면 퇴직금 산정 시 임금에 포함됩니다.

Q11. 직원 출퇴근용 대중교통비도 비과세인가요?

A. 직원의 출퇴근용 대중교통비는 비과세가 아닙니다. 업무상 출장에 따른 교통비는 실비변상 명목으로 비과세가 인정될 수 있지만, 출퇴근 편의를 위해 정기적으로 지급하는 교통비는 원칙적으로 근로소득으로 과세됩니다.

Q12. 초과근로수당을 지급 안 하면 세무적으로도 문제가 생기나요?

A. 연장·야간·휴일근로에 해당하면 가산수당을 지급해야 하고, 해당 금액은 원천세 과세 대상입니다. 잘못 계산하면 체불임금 문제와 원천세 누락에 따른 가산세 부과 위험이 있습니다.

Q13. 해고예고수당은 세무상 어떻게 처리하나요?

A. 해고예고수당은 근로소득세 과세 대상이며 급여와 동일하게 원천징수 해야 합니다. 또한 「근로기준법」상 법정수당이므로 미지급 시 벌금 부과 및 임금체불로 이어질 수 있습니다.

Q14. 직원이 부당해고로 노동위원회에 신고해서 화해 합의금으로 마무리한 경우 회사는 세무상 어떻게 처리하나요?

A. 부당해고구제신청 관련하여 지방노동위원회 화해로 지급하는 위로금, 합의금은 기타소득(사례금)으로 분류하는 것이 일반적입니다.

Q15. 노동법 위반 과태료는 비용처리 되나요?

A. 세법상 손금불산입 항목이므로 비용 처리할 수 없습니다. 이는 법 위반에 따른 제재금이므로 세무상 인정되지 않는 것이 원칙입니다.

Q16. 근로자 복지포인트 지급 시 과세 여부는?

A. 최근 대법원 판결(2024두34122)에 따라 회사에서 지급하는 복지포인트는 「소득세법」상 근로소득으로 간주되어 전액 과세 대상으로 보아야 합니다.

Q17. 사택 제공 시 세금 부과 기준과 노무상 서류는?

A. 사택·주택 제공으로 발생한 주거 이익은 근로소득 과세 대상이 될 수 있습니다. 임대계약서·사내규정 등 증빙서류를 갖추고, 세무 신고 시 시가 평가를 반영해야 합니다.

Q18. 4대보험 신고와 급여명세서 세무상 근거서류는 반드시 보관해야 하나요?

A. 네, 임금대장(노무)과 원천징수영수증·지급명세서(세무) 등은 법적으로 3~5년 이상 보관 의무가 있습니다. 이는 세무조사나 근로감독 시 임금 지급 사실을 입증하는 필수 자료입니다.

Q19. 고용보험 환급금이 들어오면 세무상 어떻게 처리하나요?

A. 해당 연도의 인건비 계정에서 차감처리 하며, 회계와 세무 신고에 반영해야 합니다. 노무 측면에서는 고용유지 등 지원금 요건을 계속 충족해야 하며, 위반 시 환수 위험이 있습니다.

Q20. 고용보험료를 늦게 내면 세무상 불이익이 있나요?
A. 납부 지연 시 가산금이 발생하고, 체납 이력으로 세무조사에서 불성실 납부자로 분류될 수 있습니다. 또한 정부 지원금 신청 시 불이익이 발생하거나 지원이 제한될 수 있습니다.

Q21. 산재보험 특례가입 사업주는 세무상 혜택이 있나요?
A. 산재보험료 전액을 비용으로 처리할 수 있으며, 일부 업종은 보험료 경감이나 지원금 혜택도 있습니다. 가입 요건과 적용 범위를 정확히 확인해야 합니다.

Q22. 4대보험 상실신고 누락 시 세무상 어떤 문제 생기나요?
A. 불필요한 보험료를 추가 납부하게 되고, 원천세 신고와 불일치해 정정 요구를 받을 수 있습니다. 장기간 누락 시 보험료 소급 부과와 과태료 부과가 함께 발생합니다.

Q23. 보수총액신고 금액을 과소 신고하면 세금이 줄어드나요?
A. 당장은 보험료가 줄어드는 것처럼 보이지만, 추후 적발 시 소급 부과와 가산금으로 더 큰 부담이 됩니다. 성실신고 의무 위반으로 평가되어 세무·노무 신뢰도에도 영향을 미칩니다.

Q24. **무급휴직 기간에 급여 일부를 주면 과세되나요?**
A. 네, 지급한 금액은 근로소득세 과세 대상이며 급여로 신고해야 합니다. 고용보험 휴직급여와 중복 지급 시 환수될 수 있으니 주의해야 합니다.

Q25. **퇴직 위로금을 비과세로 주려면 어떻게 해야 하나요?**
A. 일정 근속연수와 정상적인 퇴직 사유 등 퇴직소득 요건을 충족해야 비과세로 인정됩니다. 요건이 부족하면 근로소득으로 과세되어 세율이 높아질 수 있습니다.

Q26. **퇴직금 중간정산(재직 중 지급) 시 노무·세무 관리 방법은?**
A. 주택 구입 등 법정 사유에 해당하는 경우에만 가능하며, 근로자 신청서·지급명세서·원천징수 내역을 별도 관리해야 합니다. 중간정산 금액도 소득세를 원천징수 후 신고해야 하며, 요건 위반 시 과태료 대상입니다.

Q27. **퇴직금 지급 지연 시 가산이자뿐만 아니라 세무 부담도 있나요?**
A. 지연이자는 기타소득으로 과세되며, 원천세 신고 의무가 있습니다. 노동법 위반으로 벌금부과, 체불임금 명단 공개 등 불이익이 따를 수 있습니다.

Q28. 중도입사·퇴사자 급여정산 시 노무와 세무 처리 기준은?
A. 입사·퇴사 월의 급여는 근무일수로 일할 계산하여 지급하고 원천세 신고에 반영해야 합니다. 임금명세서에도 실제 근무 기간이 정확히 기재되어야 합니다.

Q29. 임금체불 시 노무뿐 아니라 세무 문제도 생기나요?
A. 네, 「근로기준법」 위반으로 인한 형사처벌과 함께 미지급액의 세무 신고 누락에 따른 추가 과세가 발생할 수 있습니다. 체불액 지급 시 해당 내역을 원천세 신고에 즉시 반영해야 합니다.

Q30. 근로자 사망 시 지급하는 유족위로금은 어떻게 처리되나요?
A. 사규나 단체협약에 근거한 통상 범위의 유족위로금은 비과세 처리 가능합니다. 과도하거나 근거 없는 지급은 근로소득 과세 대상이 됩니다.